卫生高等职业教育校院合作“双元”教材

供护理、助产专业用

护理学导论

主　编　辛瑞莲　孙运粉

副主编　许翠萍　申世玉　沙凤珍

编　委（按姓名汉语拼音排序）

冷成香（济南护理职业学院）
李华英（潍坊护理职业学院）
李　艳（潍坊市人民医院）
吕芳芳（山东省立医院）
沙凤珍（阳光融和医院）
申世玉（济南护理职业学院）
孙运粉（山东医学高等专科学校）
王珊珊（潍坊护理职业学院）
王　钰（潍坊护理职业学院）
辛瑞莲（潍坊护理职业学院）
徐　丽（潍坊市人民医院）
许翠萍（山东省千佛山医院）
于艳霞（潍坊护理职业学院）

北京大学医学出版社

HULIXUE DAOLUN

图书在版编目（CIP）数据

护理学导论 / 辛瑞莲，孙运粉主编．—北京：北京大学医学出版社，2019.4（2020.9 重印）

ISBN 978-7-5659-1962-6

Ⅰ.①护… Ⅱ.①辛… ②孙… Ⅲ.①护理学—高等职业教育—教材 Ⅳ.①R47

中国版本图书馆 CIP 数据核字（2019）第 045328 号

护理学导论

主　　编： 辛瑞莲　孙运粉

出版发行： 北京大学医学出版社

地　　址：（100083）北京市海淀区学院路 38 号　北京大学医学部院内

电　　话： 发行部 010-82802230；图书邮购 010-82802495

网　　址： http：//www.pumpress.com.cn

E-mail： booksale@bjmu.edu.cn

印　　刷： 北京瑞达方舟印务有限公司

经　　销： 新华书店

责任编辑： 韩忠刚　**责任校对：** 靳新强　**责任印制：** 李　啸

开　　本： 850 mm × 1168 mm　1/16　**印张：** 9　**字数：** 258 千字

版　　次： 2019 年 4 月第 1 版　2020 年 9 月第 2 次印刷

书　　号： ISBN 978-7-5659-1962-6

定　　价： 20.00 元

卫生高等职业教育校院合作
“双元”教材评审委员会

前　言

《护理学导论》是以高职高专护理人才培养目标为指导思想，紧密结合护士执业资格考试大纲，以学生的职业技能培养为目标编写，供高职高专护理（助产）专业教学使用。

本教材可以帮助学生全面了解护理专业的理论体系及学科框架，是学生学习护理专业的启蒙课程。本教材通过对护理学相关理论、工作理念、思维方法、基本技能及技巧的介绍，为学生学习护理专业课程奠定坚实的理论基础和专业技能基础。

本教材的编写充分考虑到高职高专学生的学习特点，着眼于提高学生的学习兴趣和积极性，共设置了 10 章内容，采用数字融合（教材 + 二维码）的形式，按照绪论、护理工作场所、护士与患者、护理学的基本概念、护理支持性理论、护理理论与模式、评判性思维与循证护理、临床路径、护理程序、护理安全与防护的顺序编排；每一章节中都使用导入情景，将枯燥的理论融入工作实际，培养学生分析问题和解决问题的能力，也便于学生自学；知识链接主要针对章节涉及的知识点给予扩展，拓宽学生的视野。每章后附有小结和测试题，便于学生掌握章节的重点内容。

本教材在编写过程中得到相关院校领导及各位编者的鼎力支持，在此表示由衷的感谢。由于编写能力和水平有限，难免有疏漏之处，敬请各位老师和护理同仁指正。

辛瑞莲　孙运粉

二维码资源索引

目 录

第一章　绪论

学习目标

1. 掌握护理学的基本概念及其演变过程、南丁格尔对护理学的贡献。
2. 熟悉护理学的任务及范畴、护理学知识体系、护理专业范畴。
3. 了解护理学的形成及发展过程、护理专业及发展趋势。
4. 培养学生具有热爱专业、乐于奉献的职业精神。

导入情景

一名大学一年级的护理专业男学生，入校2个月，整天闷闷不乐，不愿与同学交流，偶尔出现旷课现象。老师发现后，与他进行了沟通，得知这位同学是家长迫使其选择护理专业的，入校以来，发现自己周围大多数是女同学，对自己所学的专业和职业选择越发感觉迷茫。这名教师了解情况后应该如何帮助这位男同学解决其心理问题呢？

工作任务：

1. 帮助学生树立热爱护理专业、乐于奉献的职业精神。
2. 指导学生正确规划职业生涯。

护理学是一门以自然科学和社会科学为理论基础，研究有关预防保健、治疗疾病、恢复健康过程中的护理理论、护理知识、护理技术及其发展规律的综合性应用学科。其研究内容、范畴和任务涉及影响人类健康的生物、心理、社会等各个方面因素，应用科学的思维方法对护理学现象进行整体的研究，揭示护理的本质及发展规律。

第一节　护理学的发展史

一、西方护理学的形成和发展

护理学的形成和发展与人类的文明和科学的进步息息相关。在人类发展的历史进程中，始终伴随着护理活动。人类健康水平的不断提高和社会需求的不断变化深刻影响并推动着护理学的发展。护理作为人类生存的需要可以追溯到原始社会。

（一）古代护理

1．人类早期的护理　人类为了生存，在和自然界的斗争中，积累了许多生产生活经验，逐步形成了“自我保护”式的护理照顾。如用溪水清洗伤口以防止其恶化；火的发明使人们认识到吃熟食可以减少胃肠道疾病；当腹部不适时，用手抚摸可以减轻疼痛等。

为抵御恶劣的生活环境，人们逐渐按照血缘关系聚居，形成了以家族为中心的母系氏族社会，妇女担负起照顾家中伤病者的责任，形成了原始社会“家庭式”的医护合一的护理照顾方式。

在原始社会，医疗照顾长期与宗教和迷信活动联系在一起。由于人类对疾病缺乏科学的认识，常把疾病看成灾难，认为是神灵主宰或魔鬼作祟，因而出现了巫师。他们用祷告、念咒、捶打、冷热水浇浸等方法祈求神灵的帮助或驱除鬼怪以治疗疾病，减轻痛苦，形成了早期的“宗教护理”。

后来，人们在征服伤病的过程中，经过长期的实践和思考，有些人开始摒弃巫术而采用了原始的医术，使医巫逐渐分开。在一些文明古国如古中国、古印度、古埃及、古希腊、古罗马等，开始运用止血、包扎、伤口缝合、催眠术等方法处理伤痛和疾病，有了关于疾病治疗、预防和公共卫生等医护活动的记载。

2．中世纪的护理 中世纪护理的发展受到宗教和战争两方面的影响。

（1）宗教：中世纪的欧洲，由于政治、经济、宗教的发展，各国先后建立了数以百计的大小医院，作为特定的慈善机构为孤儿、寡妇、老人、病者和穷人提供照护。其中护理工作主要由修女承担，她们以丰富的经验和良好的道德品质提高了护理工作者的社会地位，推动了护理事业的发展。这一时期形成了一些为患者提供初步护理的宗教性、军队性、民俗性护理社团，使护理逐渐由“家庭式”转向了“社会化和组织化”的服务。

（2）战争：12—13 世纪欧洲基督教徒和穆斯林教徒为争夺圣城耶路撒冷展开了长达 200 年的宗教战争。连年战乱使得伤病者增多，传染病大肆流行。当时的医院设备简陋，床位不足，管理混乱，护理人员数量严重不足、缺乏护理知识，患者死亡率很高。此外，很多医院在神职人员的控制下，令患者靠祷告和斋戒来拯救自己的灵魂，而不是致力于提高医疗护理的水平。因此，当时的护理工作大多局限于简单的生活照料。

3．文艺复兴时期的护理 文艺复兴时期，西方国家又称之为科学新发现时代，期间建立了很多图书馆和医学院校。这一时期的医学科学得到了迅猛发展，涌现出了大批著名的医学先驱。1543 年，比利时医生安德烈·维萨里（Vesalius A.）出版了第一部《人体的构造》，被认为是解剖学的初创。1628 年，英国医生哈维（Harvey W.）发表了著名的《心血运动论》，对血液循环中心脏和血管的关系进行了科学的描述。但是，这一时期护理的发展与医学的进步极不相称，护理工作停滞不前，被称为护理发展史上的黑暗时代。主要原因有：①当时的社会重男轻女，妇女得不到良好的教育。②工业革命带来经济繁荣的同时改变了人们的价值观，很少有人愿意参与济贫扶弱的社会福利事业。③教会腐败，战争频发，很多教会和修道院被毁，医院停办，男女修士离开医院，致使患者无人照护。

知识拓展：
南丁格尔的生平

（二）南丁格尔与近代护理学的诞生

19 世纪，随着科学的发展和医学的进步，社会对护理的需求增加，护士的地位有所提高，护理职业被社会认同，在欧洲相继开设了许多护士训练班。1836 年，德国牧师西奥多·弗里德尔（Fliendner）在德国的开塞威尔斯城建立了女执事训练所，招收年满 18 岁、身体健康、品德优良的妇女，给予专门的护理训练。弗洛伦斯·南丁格尔（Florence Nightingale）（图 1-1）就曾在此接受过短期的护士训练。

图 1-1 南丁格尔

知识拓展：
南丁格尔奖中国获得者

19 世纪中叶，南丁格尔首创了科学的护理专业，使护理学逐步走上了科学的发展轨道，这是护理学发展的一个重要转折点，也是护理走向专业化的开始。

知识拓展：
南丁格尔奖章简介

1．创建了世界上第一所护士学校 克里米亚战场的护理实践使南丁格尔深信护理是科学事业，再度确认了护士必须接受严格的科学训练，具有专门的知识和良好的品行。1860 年，南丁格尔在英国的圣托马斯医院创办了世界上第一所正规的护士学校，为现代护理教育奠定了基础。1860—1890年共培养了1005名学生，她们活跃在欧美各国，弘扬南丁格尔精神，使南丁格尔式的护士学校如雨后春笋般纷纷建立，形成了具有专门知识，受过专业训练的护士队伍，推动了护理事业的发展，国际上称这个时期为“南丁格尔时代”。

2．撰写著作指导护理工作　南丁格尔一生撰写了大量的笔记、报告和论著，其中报告《影响英军健康、效率与医院管理问题摘要》被公认为是当时医院管理最有价值的文献。1858—1859年分别撰写了《医院札记》和《护理札记》。在《医院札记》中，她阐述了自己对改革医院管理及建筑方面的构思、意见及建议。而《护理札记》被认为是护士必读的经典之作，被译成多种文字，她在书中精辟地指出了环境、个人卫生、饮食对服务对象的影响，直至今日，她的理念和思想对护理实践仍有指导意义。南丁格尔的论著奠定了近代护理专业的理论基础。

3．首创了科学的护理专业　南丁格尔对于护理事业的杰出贡献，还在于她使护理走向了科学的专业化轨道，使护理从医护合一的状态中成功地分离出来。她认为“护理是一门艺术，需要以组织性、实务性和科学性为基础”。她确定了护理学的概念和任务，提出了公共卫生的护理思想，重视服务对象的生理及心理护理，并发展了自己独特的护理环境学说。她对护理专业及其理论的概括和精辟的论述，形成了护理学知识体系的雏形，奠定了近代护理理论基础，确立了护理专业的社会地位和科学地位，推动了护理学成为一门独立的学科。

4．创立了护理制度　南丁格尔首先提出了护理要采用系统化的管理方式，使护士担负起护理患者的责任；并授予护士适当的权力，以充分发挥护士的潜能；同时主张“护理人员应当由护理人员来管理”，要求每个医院必须设立护理部，护理部主任负责医院护理管理工作；南丁格尔还制定了关于医院设备及环境方面的管理要求，以促进护理工作质量和效率的提高。

（三）现代护理学的发展

1．以疾病为中心的护理阶段　20世纪前半叶，随着社会的进步和发展，医学科学逐渐摆脱了宗教和神学的影响，各种科学学说纷纷建立，生物医学模式形成，揭示了健康和疾病的关系，认为疾病是由于细菌与外伤引起的机体结构改变和功能异常，从而形成了“以疾病为中心”的医学指导思想，一切医疗活动都围绕着疾病开展，并且局限在医院内进行，以消除病灶为基本目标。

这一阶段护理的特点是：护理已经成为专门的职业，护士从业前须经过专业的培训；护理从属于医疗，护士被看作是医生的助手；护理工作的主要内容是执行医嘱和完成各项护理技术操作；护理尚未形成独立的理论体系，因此护理教育类同于医学教育，其课程内容涵盖较少的护理内容。

2．以患者为中心的护理阶段　20世纪中叶，社会科学以及系统科学的发展，促使人们重新认识人类健康与生理、心理、环境的关系。1948年，世界卫生组织（Word Health Organization，WHO）提出了新的健康的定义，进一步扩展了健康研究与实践的领域。1955年，美国护理学者莉迪亚·海尔首次提出了“护理程序”一词，使护理有了科学的工作方法。1977年，美国医学家恩格尔提出了新的医学模式即生物－心理－社会医学模式，在这一新观念的指导下，护理发生了根本性的变革，由“以疾病为中心”转向了“以患者为中心”的发展阶段。

这一阶段护理的特点是：强调护理是一门专业，逐步建立了护理的专业理论基础；护士与医生是合作伙伴的关系；护理工作内容不再是单纯地被动地执行医嘱和完成护理技术操作，而是对患者实施生理、心理、社会等方面的整体护理，以满足患者的健康需求；护理学逐渐形成了独立的学科理论体系，脱离了类同医学教育的课程设置，建立了以患者为中心的护理教育和临床实践模式。

3．以人的健康为中心的护理阶段　社会经济的快速发展使人民的生活水平不断提高，医学技术的日新月异，使过去威胁人类健康的传染性疾病得到了有效控制，而与人的行为生活方式密切相关的疾病如心脑血管疾病、肿瘤、糖尿病、意外伤害等逐渐成为威胁人类健康的主要问题。疾病谱的变化促使人们的健康观念发生改变，重新审视健康和疾病的关系，主动寻求健康的行为成为人们的共识。1977年，WHO提出“2000年人人享有卫生保健”的目标，对护理工作发生了巨大推动作用，护理进入了“以人的健康为中心”的阶段。

这一阶段护理的特点是：护理学成为现代科学体系中一门独立的、综合自然科学与社会科学的、为人类健康服务的应用科学；护士角色多元化，护士不仅是医生的合作伙伴，还是护理计划的制订者，是患者的照顾者、教育者、管理者、咨询者及代言人等；护理工作的场所由医院扩展到家庭和社区；护理工作的范畴从对患者的护理扩展到对人的生命全过程的护理，护理对象由个体扩展到群体；有完善的护理教育体制，有丰富的护理理论基础，有良好的科研体系，并有专业的自主性。

二、我国护理事业的发展

（一）古代护理

我国古代护理是伴随着祖国医学的发展而产生的。当时医学的特点是医、药、护不分，护理寓于医药之中，强调“三分治，七分养”，其中的“养”即为护理。祖国医学有着悠久的历史，有许多经典的医学著作都有护理内容的记载，展现出鲜明的护理思想与内涵。如《黄帝内经》中记载的“肾病勿食盐”“怒伤肝，喜伤心，思伤脾，悲伤肺，恐伤肾”等阐明了疾病与饮食调节和精神因素的关系；东汉末年的名医张仲景发明了灌肠术、人工呼吸和舌下给药法；三国时期的名医华佗编创“五禽戏”，提倡强身健体；唐代杰出医药学家孙思邈所著的《备急千金要方》中提出：“凡衣服、巾、栉、枕、镜不宜与人同之”，强调了隔离预防的知识；宋代名医陈自明的《妇人十全良方》中对孕妇产前、产后的护理提供了许多宝贵的资料，对口腔护理的重要性也有记载，如“早漱口，不若将卧而漱，去齿间所积，牙亦坚固”等；明、清时期的胡正心提出用蒸汽消毒法处理传染患者的衣物，当时还流行用燃烧艾叶、喷洒雄黄酒消毒空气和环境；《本草纲目》的作者李时珍是我国明代著名的医药学家，他在看病的同时，兼给患者煎药、送药和喂药等。

祖国医学是中国几千年文化的灿烂瑰宝，孕育其中的中医护理虽然没有形成独立的学科，但却为我国护理学的产生与发展奠定了丰富的理论与技术基础。

（二）近代护理

中国近代护理学的形成和发展，在很大程度上是受西方护理的影响。鸦片战争前后，护理随着各国军队、宗教和西方医学的传入而逐渐兴起。

1835年，英国传教士巴克尔在广州开设了第一所西方医院，2年后，医院以短训班的形式培训护理人员。

1884年，美国妇女联合会派到中国的第一位护士麦克奇尼在上海妇孺医院推行“南丁格尔护理制度”。

1888年，美籍约翰逊女士在福建省福州市开办了我国第一所护士学校。

1900年，随着中国各大城市教会医院的纷纷成立，各地相继开设护士训练班或护士学校，形成了最早的护理专业队伍。

1909年，“中华护士会”在江西牯岭正式成立（1937年改为中华护士学会，1964年改为中华护理学会）。学会的主要任务是制定和统一护士学校的教程，编译教材，办理学校注册，组织毕业生会考和颁发护士执照。

1914年，时任中华护士会副会长的钟茂芳认为从事护理工作的人应具有必要的科学知识，故首次将英文“nurse”译为“护士”，沿用至今。

1920年，《护士季报》创刊，这是我国第一份护理专业期刊。

1921 年，北京协和医学院开办高等护理教育，招收高中毕业生，学制 4 ～ 5 年，培养了一批水平较高的护理师资和护理管理人员。

1922 年，国际护士会正式接纳中华护士会成为第 11 个会员国。

1931 年，在江西汀州开办了“中央红色护士学校”。

1934 年，中央护士教育委员会成立，是中国护士教育的最高行政领导机构。

1941 年，延安成立了“中华护士会延安分会”。毛泽东同志曾经 1941 年和 1942 年两度题词：“护理工作有很大的政治重要性”“尊重护士，爱护护士”。

1949 年统计全国共建立护士学校 183 所，有护士 32000 人。

（三）现代护理

1．护理教育

（1）中等护理教育：1950 年在北京召开了第一届全国卫生工作会议，对护理专业教育进行了统一规划，将中等专业教育确定为培养护士的唯一途径。制定了全国统一的护理专业教学计划，统一编写出版了护理专业教材，使护理教育步入国家正规教育体系，为国家培养了大批合格的护理人才。

（2）高等护理教育：1983 年天津医学院率先在国内开设 5 年全日制护理专业本科教育，毕业授予学士学位。中断了 30 年的高等护理教育得以恢复，极大地促进了我国护理学科的发展。此后，其他医学院校也纷纷开设了四年或五年全日制本科护理专业，据不完全统计，截止到 2015 年中国护理本科院校 200 多所，高职高专院校 400 多所。

（3）硕士、博士教育：1992 年经国务院学位委员会审定，批准北京医科大学（现北京大学医学部）护理系开始招收护理硕士生。随后第二军医大学、协和医科大学等 7 所学校也相继获准招收护理学专业硕士研究生。1994 年在美国中华医学基金会的资助下，国内多所大学与泰国清迈大学联合举办了护理研究生班，据不完全统计，全国目前已有百余个护理学硕士学位授予点。2004 年北京协和医学院（原协和医科大学）及中国人民解放军海军军医大学（原第二军医大学）分别被批准为护理学博士学位授权点。目前，我国已形成了多层次、多渠道的护理学历教育体系。截至 2015 年底，我国注册护士总数达到 324.1 万，大专及以上护士占比 62.5%，其中本科及以上护士占比为 14.6%。

（4）继续护理教育：1987 年国家发布了《关于开展大学后继续教育的暂行规定》。之后人事部又颁发了相应的文件，对继续教育做了规定。1996 卫生部继续医学教育委员会正式成立。1997 年，卫生部继续医学教育委员会护理学组成立，标志着我国的护理学继续教育正式纳入国家规范化的管理。同年，中华护理学会制定了护理继续教育的规章制度及学分授予办法，使护理继续教育更加制度化、规范化和标准化。

2．护理实践　自 1950 年以来，我国临床护理工作一直是以疾病为中心，护理技术操作常规多围绕完成医疗任务而制定，医护分工明确，护士为医生的助手，护理工作处于被动状态。1980 年以后，随着改革开放政策的实施，国内外频繁的护理学术交流，逐渐引入了国外新的护理理念和护理理论，以及生物－心理－社会医学模式的转变，使得临床护理开始探讨以人的健康为中心的整体护理模式并付诸实践，为患者提供积极主动的整体护理服务。同时，护理工作的内容和范围不断扩大，新的护理技术的发明和应用得到普及，器官移植、显微外科、重症监护、介入治疗、基因治疗等专科护理正在迅速发展。此外，由于健康观念的更新，使得护理工作的范围扩展到家庭和社区。健康教育的普及，家庭护理、社区护理的广泛开展，推动了护理实践的创新和发展。

3．护理管理

（1）建立健全护理管理系统：为了加强对护理工作的领导，完善护理管理体制，国家卫生部医政司于 1982 年设立了护理处，负责全国的护理管理，制定了相关的政策和法规。各省、自治区、直辖市卫生厅（局）在医政处下设专职护理干部，负责管辖范围的护理管理。300张床位以上的医院设护理部，实行三级护理管理体制，300张床位以下的医院由总护士长负责，实行二级护理管理体制。护理部负责护士的培训、调动、任免、考核、晋升及奖励等，充分发挥护理部在医院管理中的作用，保障了医院的护理质量。

（2）建立晋升考核制度：1979年国务院批准颁布了《卫生技术人员职称及晋升条例（试行）》，明确规定了护理专业人员的技术职称：高级技术职称为主任护师和副主任护师，中级技术职称为主管护师，初级技术职称为护师、护士。各省、市、自治区、直辖市制定了护士晋升考核的具体内容和方法，使护理人员有了完善的晋升考核制度。

（3）建立护士执业考试与注册制度：1993年国家卫生部颁发了新中国成立以来第一个关于护士执业和注册的部长令和《中华人民共和国护士管理办法》。1995年6月全国举行了首次护士执业考试，凡在我国从事护士工作的人员，都必须通过国家护士执业资格考试，合格者方可取得护士执业资格证书，申请注册。

（4）护理立法维护护士合法权益：2008年国务院颁布实施《中华人民共和国护士管理条例》，这是我国护理法制化建设取得的重要成就。条例明确了护士的义务、权利和法律地位，规范护士执业行为，建立职业准入制度，对促进护理事业的发展具有重大意义。

4．护理科研 随着护理教育的发展，大批接受高等护理教育的护士进入临床护理、护理教育和护理管理岗位，极大地推动了护理科研的发展。在选题的先进性、方法的科学性、结果的准确性、讨论的逻辑性等方面均有了较大的发展。科研水平的提高，使护士撰写论文的数量和质量也显著提升，推动了护理期刊工作的快速发展。期刊种类增加、栏目多样、内容丰富、质量提高。1993年中华护理学会第21届理事会设立了“护理科技进步奖”，每两年评选一次，2009年该奖项被科技部批准的“中华护理学会科技奖”所代替，成为我国护理学科最高奖项，标志着我国护理科研正迈向快速发展的科学轨道。

5．学术交流 1980年以后，随着我国改革开放政策的实施，中华护理学会逐步开展了与国际护理界的学术交流，并与多国建立了良好的护理学术联系，采取互访交流、互派讲学、培训师资、联合培训等方式与国际护理界进行频繁的沟通。1985年全国护理中心在北京成立，进一步取得了WHO对我国护理学科发展的支持，架起了中国护理与国际先进护理沟通交流的桥梁。通过国际学术交流，开阔了视野，活跃了学术氛围，带给中国护理事业新的发展契机。

（四）发展趋势

1．护理教育的高层次化 随着人们健康需求的日益增加，护理服务需求也越加迫切。激烈的市场竞争，使得社会对护理人力资源的水平和教育层次也提出了更高的标准。护理人员必须不断学习新的知识和技能来提高自己的能力和水平，护理教育也需依据市场对人才规格的需求，逐步调整其层次和结构。2011年国务院学位委员会正式批准护理学作为医学门类下属的一级学科，这必将推动我国高等护理教育的科学化和规范化发展。护理教育将向高层次发展，形成以高等护理教育为主流，大专、本科、研究生、博士及博士后护理教育将逐步完善和发展。

2．护理实践专科化 临床高科技医疗设备、先进治疗方法的不断更新，以及我国优质护理服务工程的开展和深化，都对临床护士的专业素质提出了更高的要求。培养高素质的专科护理人才，处理复杂疑难的护理问题，为患者提供全面及连续性的护理，也是与国际护理接轨的重要策略。目前，专科护士占比已达到10%以上，专科护理领域不断拓展，已涵盖重症、急诊、伤口造口、手术室、老年、器官移植、肿瘤、糖尿病等20多个领域。

随着我国医疗改革的不断深入，社区卫生服务也将得到进一步的发展，社区护士需要更多护理实践的自主权，以满足社区个体和群体多样化的健康需求。社区护理作为社区卫生服务的重要组成部分，也将成为我国护理发展的方向。

3．护理管理标准化 护理管理的宗旨是优质护理服务，为患者提供全面、全程、专业、人性化的护理。通过完善护理质量标准、规范，促进护理质量的改善，提高护理服务水平。目前西方发达国家实施护理管理标准化管理，护理质量包含了护理工作的全部内容，是所有提供护理服务机构的护理质量管理依据。如美国、加拿大等国家制定了相应的护理质量标准指南。我国首次颁布的《临床护理实践指南（2011 版）》，是我国护理走向标准化的起步。该指南明确了临床护理的技术要点，突出对患者的专业评估、病情观察、人文关怀和健康指导，有效地指导护士科学、规范地从事护理专业实践活动，为患者提供安全、优质的整体护理。此外，随着我国法制化建设的推进，医疗护理的相关法律法规将不断完善，护理的标准化管理将会逐步取代经验管理。

4．护理工作国际化　护理工作国际化主要是指专业目标国际化、专业标准国际化、职能范围国际化、教育国际化、管理国际化、人才流动国际化。随着全球经济一体化进程的加快，护理领域的国际化交流与合作日益深入，跨国护理援助和护理合作增多，知识和人才的交流日趋频繁。世界性的护理人力资源匮乏，使中国的护士有机会迈出国门，进入国际市场就业。2013 年 5 月 8 日国际护士会恢复中华护理学会国际护士会会员资格，标志着中国的护理事业真正迈向了国际舞台。面对这种国际化的发展趋势，21 世纪的护理人才应该是具有国际意识、国际交往能力、国际竞争能力和相应知识技能的高素质人才。

知识链接

我国高级护理实践的开展

随着护理教育水平的提高，在护理学发展较快的一些国家，专业护士的职业生涯在深度和广度上得到了扩展。20 世纪中后期出现了高级实践护士、高危管理者等。其中高级实践护士包括临床护理专家、开业护士、注册助产士、注册麻醉护士，他们大多具有硕士及以上学历。

2000 年开始，我国护理开始了高级护理实践（advanced nursing practice）的尝试，浙江邵逸夫医院和广州中山大学附属肿瘤医院率先设立了高级临床专科护士（clinical nurse specialist）的角色，迈出了我国高级护理实践的第一步。随后广州、北京等多个省市相继与境外护理教育机构合作，建立 ICU、CCU、造口专科护士培训基地，培训了一批专科护理人才。

第二节　护理学的概念、任务及范畴

一、护理学的概念

护理学是健康学科中一门独立的应用性学科，以自然科学及社会科学为基础，研究如何提高及维护人类身心健康的护理理论、知识及发展的规律。

国际护士会（International Council of Nurses，ICN）1973 年指出“护理学是帮助健康的人或患病的人保持或恢复健康，预防疾病或平静地死亡”。美国护士会（American Nurses Association，ANA）1980 年将护理学定义为“护理学通过判断和处理人类对已经存在或潜在的健康问题反应，并为个人、家庭、社区或人群代言的方式，达到保护、促进及最大程度提高人的健康及能力，预防疾病及损伤，减轻痛苦的目的”。而我国学者周培源 1981 年将护理学定义为“护理学是一门独立科学，与医疗有着密切的关系，相辅相成，相得益彰”。我国著名的护理学家林菊英认为“护理学是一门新兴的独立科学，护理理论逐渐形成体系，有其独立的学说及理论，有明确的为人民健康服务的思想”。

二、护理学的任务

随着护理学科的发展，护理对象的群体构成发生了转变，护理工作的范围也超越了疾病的护理，扩展到生命的全过程，这一切促使护理学的任务发生深刻的变化。1978 年，世界卫生组织（WHO）指出：“护士作为护理的专业工作者，其唯一的任务就是帮助患者恢复健康，帮助健康人促进健康”。护理学的目标是在尊重人的需要和权利的基础上，提高人的生命质量。通过护理工作，保护全人类的健康，提高整个人类社会的健康水平。

（一）促进健康

促进健康是帮助个体、家庭和社区获取在维持或增进健康时所需要的知识及资源。这一类护理实践活动包括：教育人们对自己的健康负责、建立健康的生活方式、提供有关合理营养和平衡膳食方面的咨询、解释加强锻炼的意义、告知吸烟对人体的危害、指导安全有效用药、预防意外伤害和提供健康信息以帮助人们利用健康资源等。促进健康的目标是帮助护理对象维持最佳健康水平或健康状态。

（二）预防疾病

预防疾病是人们采取行动积极地控制不良行为和健康危险因素，以预防和对抗疾病的过程。预防疾病的护理实践活动包括：开展妇幼保健的健康教育、增强免疫力、预防各种传染病、提供疾病自我监测的技术、临床和社区的保健设施等。预防疾病的目标是通过预防措施帮助护理对象减少或消除不利于健康的因素，避免或延迟疾病的发生，阻止疾病的恶化，限制残疾，促进康复，使之达到最佳的健康状态。

（三）恢复健康

恢复健康是帮助护理对象在患病或有影响健康的问题后，改善其健康状况，提高健康水平。这一类护理实践活动包括：为患者提供直接护理，如执行药物治疗、提供生活护理；进行护理评估，如测量生命体征等；和其他卫生保健专业人员共同协助残障者参与他们力所能及的活动，将残障损害降到最低限度，指导患者进行康复训练活动，使其从活动中得到锻炼，获得自信，以利于恢复健康。恢复健康的目标是运用护理学的知识和技能帮助已经出现健康问题的护理对象解决健康问题，改善其健康状况。

（四）减轻痛苦

减轻痛苦是护士掌握并运用护理知识和技能，在临床护理实践中，帮助处于疾病状态的个体，解除身心痛苦，战胜疾病。这方面的护理实践活动包括：帮助患者尽可能舒适的带病生活；提供必要的支持以帮助人们应对功能减退或丧失；对临终患者提供安慰和关怀照护，使其在生命的最后阶段能获得舒适，从而平静、安详、有尊严地走完人生旅程。

三、护理学的范畴

护理学作为生命科学领域中一门应用性学科，其重要的特征是随着现代科学的高度分化和广泛综合，护理学与自然科学、社会科学、人文科学等多学科相互交叉渗透，形成独立的学科体系。

（一）护理学的理论范畴

1. 护理学研究的对象、任务、目标　护理学研究的对象、任务、目标是护理学建设的基础，并随着护理学的发展而不断变化。护理学的主要研究目标是人类健康，服务对象不仅包括患病的人，也包括健康人。护理学研究的主要任务是应用护理学的理论、知识、技能进行促进健康、预防疾病、恢复健康、减轻痛苦的护理实践活动，从而为护理对象提供个体性、整体性及连续性的服务。

2．护理学理论体系 护理学理论体系是指导护理专业实践的基础，它是对护理现象系统的、整体的看法，以描述、解释、预测和控制护理现象。20世纪中叶，护理先驱者们开始摸索并发展了一些护理概念框架和理论模式，如奥瑞姆的自理理论、罗伊的适应理论、纽曼的保健系统模式等。这些理论用科学的方法描述和解释护理现象，从科学的角度诠释了护理工作的性质，阐述护理知识的范围和体系，确立护理理念和价值观，指导护理专业的发展方向。随着护理实践新领域的开辟，将会建立和发展更多的护理理论内容，使护理学理论体系日益丰富和完善。

3．护理学与社会发展的关系 主要研究护理学在社会中的作用、地位和价值，研究社会对护理学的影响及社会发展对护理学的要求等。例如老龄化进程的加速、慢性病患者增加、医疗保险的实施等促进了社区护理的发展，使护士工作领域得以延伸；信息技术的普及改变了护理工作的实践模式，加快了护理专业向网络化和信息化迈进的步伐。

4．护理学分支学科和交叉学科 随着现代科学的高度分化和广泛综合，护理学与自然科学、社会科学、人文科学等多学科相互交叉渗透，形成了许多新的综合型、边缘型的交叉学科，如护理心理学、护理美学、护理教育学、护理管理学，以及老年护理学、社区护理学、急救护理学等一批分支学科，大大推动了护理学科体系的构建和完善。

（二）护理学的实践范畴

1．临床护理 临床护理的服务对象是患者，其内容包括基础护理和专科护理。

（1）基础护理：应用护理学的基本理论、基本知识和基本技能来满足患者的基本生活、心理、治疗、康复的需求，如膳食护理、排泄护理、病情观察、临终关怀等。基础护理是各专科护理的基础。

（2）专科护理：以护理学和相关理论为基础，结合各专科患者的特点及诊疗要求，为患者提供护理。如各专科患者的护理、急救护理等。

2．社区护理 以临床护理的理论和技能为基础，根据社区的特点，对社区范围内的居民及社会群体开展疾病预防，如妇女保健、家庭护理、预防接种、卫生宣教、健康教育及防疫灭菌等工作。以帮助人们建立良好的生活方式，促进全民健康水平的提高。

3．护理教育 以护理学和教育学理论为基础，适应现代医学模式的转变和护理学发展的需要，以满足现代护理工作的需求的目标，培养德、智、体、美全面发展的护理人才。护理教育一般划分为基础护理学教育、毕业后护理学教育和继续护理学教育三大类。基础护理学教育分为中专、大专和本科教育；毕业后护理学教育包括岗位培训教育和研究生教育；继续护理学教育是对从事护理实践的人员提供以学习新理论、新知识、新技术和新方法为目标的终身性在职教育。

4．护理管理 是运用现代管理学的理论和方法，对护理工作的诸要素——人、财、物、时间、信息等进行科学的计划、组织、人员管理、指导与控制。系统化的管理确保护理工作的正确、及时、安全、有效地开展，为护理对象提供完善、优质的服务，提高护理工作的效率，提高护理工作质量。

5．护理科研 是运用观察、科学实验、调查分析等方法揭示护理学的内在规律，促进护理理论、知识、技能、管理模式的更新和发展。护理人员有责任通过科学研究的方法推动护理学的发展。

第三节 护理工作方法

护理工作方式是指护理人员在对患者进行护理时所采用的工作模式。各种工作方式各有利弊，临床工作中，护理管理者需要根据具体情况，恰当选择并综合运用。护理工作方式主要包括以下几种。

一、个案护理

临床上由一名护士护理一位患者，即由专人负责实施个体化护理的方式，称为个案护理。适用于危重患者护理或某些特殊患者和临床教学需要，工作特点是：护士负责完成患者全部护理活动，责任明确；能全面掌握患者情况，及时满足患者的各种护理需要；工作中可以使护士的才能得到充分的发挥，体现个人才能，满足其成就感，能建立良好的护患关系。但这种工作方法耗费大量人力，且护士只能在班负责，不能实施连续性护理。

二、功能制护理

功能制护理是以完成医嘱和执行各项常规的基础护理为主要工作内容，依据工作性质机械性地将护理工作分配给护理人员。护士被分为“办公室护士”“治疗护士”“巡回护士”等，是一种流水作业的工作方法。适用于护理人力资源缺乏，工作任务繁重的科室患者的护理。工作特点是：护士分工明确，任务单一，易于组织管理，节省人力。但这种工作方法缺少与患者交流沟通，工作机械重复，易导致护士疲劳厌烦，知识面狭窄，忽视患者身心整体护理，护士不能获得积极认同与尊重，护士工作满意度下降。

三、小组制护理

小组制护理即以分组的形式对患者进行整体护理。小组成员由不同级别的护理人员组成，组长负责制订护理计划和措施，安排小组成员完成工作任务，共同实现护理目标。一般每个小组由 7 ~ 8 名护士组成，每组分管 10 ~ 15 名患者。工作特点是：充分积极地调动护理人力资源的潜能，发挥团队合作精神，共同分享护理工作成果，维系良好的工作氛围，为患者提供综合性护理服务，护士工作满意度及地位得到提高。但这种护理方式使护士个人责任感相对较弱，小组成员之间需要相当的时间磨合与沟通。

四、责任制护理

责任制护理是由责任护士和辅助护士按护理程序对患者进行全面、系统的整体护理。方法是以患者为中心，每位患者由一名责任护士负责，对患者实行 8 小时在岗，24 小时负责制的护理。由责任护士全面评估患者情况，确定护理诊断，制订护理计划，实施护理措施，并追踪评价护理效果。责任护士不在岗时，由辅助护士和其他护士按责任护士制订的计划实施护理。工作特点是：护士责任明确，自主性增强，能全面了解患者情况，为患者提供连续、整体、个性化护理。但此种护理方式对责任护士能力水平要求较高，对护理人力资源需求量较大，护士工作心理压力和风险明显增强，而且要求 24 小时对患者全面负责难以实现。

五、系统化整体护理

系统化整体护理是在责任制护理基础上对护理方式的进一步丰富和完善。是一种以护理对象为中心，视护理对象为生物、心理、社会多因素构成的开放性有机整体，根据护理对象的需求和特点，为护理对象提供生理、心理、社会等全面的帮助和照护，以解决护理对象现存或潜在的健康问题，达到恢复和增进健康目标的护理观和护理实践活动。工作特点是：从本质上摒弃了医嘱加常规的被动局面，护理人员的主动性、积极性和潜能得到充分发挥；护士运用评判性思维、创造性思维，科学的确认问题和解决问题，护士不再是被动的执行医嘱和盲目的完成护理操作，代之以全面评估、科学决策、系统实施、和谐沟通、客观评价的主动调控过程，为患者提供优质的护理服务，充分显示了护理专业的独立性和护士的自身价值。然而此种工作方式需要较多的护士，并且对护士的知识架构有着较高的要求。

护理学的形成和发展与人类文明、科学进步息息相关，经古代的自我护理、家庭护理到中世纪的宗教护理、职业护理而形成近代护理学。近代护理学的发展也经历了三个阶段：以疾病为中心的护理阶段；以患者为中心的护理阶段；以人的健康为中心的护理阶段。

南丁格尔是近代护理的创始人，她开创了科学的护理专业，毕生奉献于护理事业，被尊为现代护理的鼻祖。她对护理事业的主要贡献是：创建了世界上第一所护士学校；著书立说，奠定了近代护理专业的理论基础；确立了护理专业的社会地位和科学地位，推动护理学成为一门独立的学科。

护理学的任务是促进健康、预防疾病、恢复健康、减轻痛苦。护理工作方法有个案护理、功能制护理、小组制护理、责任制护理和系统化整体护理等。

A1 型题

1．世界上第一所护士学校创建于
A．1860 年，英国
B．1888 年，伦敦
C．1809 年，英国
D．1860 年，德国
E．1890 年，圣托马斯医院

2．护理专业化开始于
A．医院护理
B．自我护理
C．近代护理
D．家庭护理
E．现代护理

3．我国第一所护士学校建立于
A．1887 年，上海
B．1921 年，北京
C．1912 年，江西
D．1888 年，福州
E．1838 年，广东

4．南丁格尔对护理学的贡献不包括
A．创立了世界上第一所护士学校
B．首创了科学的护理事业
C．撰写了科学的护理论著
D．提出了功能制护理的方法
E．提出了培养护士的要求

5．以人的健康为中心的护理阶段特点不包括
A．护理对象从个体扩展到对群体的护理
B．护理教育方面有完善的教育制度
C．护理角色呈现多元化发展
D．工作场所从医院扩展到社区和家庭
E．护理从属于医疗，护士是医生的助手

6. 针对促进健康的护理措施是
   A. 减轻术前患者的焦虑
   B. 为尿潴留患者导尿
   C. 帮助患者采取舒适卧位
   D. 为昏迷患者吸痰
   E. 告知吸烟对人体的危害
7. 以患者为中心，由责任护士对患者实行 8 小时在岗，24 小时负责制的护理工作方式为
   A. 责任制护理
   B. 小组制护理
   C. 功能制护理
   D. 个案护理
   E. 系统化整体护理

A3 型题

（8 ～ 10 题共用题干）

张先生，65 岁，因冠心病入院，虽病情稳定但仍需每天进行静脉输液。护士潘某，作为病区的“治疗护士”，负责该患者的静脉输液工作。

8. 请问此种工作方式属于哪种护理工作方式
   A. 功能制护理
   B. 个案护理
   C. 小组制护理
   D. 责任制护理
   E. 系统化整体护理
9. 此种护理工作方式的优点是
   A. 能发挥各级护士的作用
   B. 能调动护士积极性
   C. 便于与患者交流
   D. 全面了解患者病情
   E. 节省人力，易于组织管理
10. 此种护理工作方式的缺点是
   A. 护士分工明确
   B. 忽视患者身心整体护理
   C. 护士压力增加
   D. 对护士知识架构有较高要求
   E. 文字记录任务较多

B 型题

（11 ～ 14 题共用备选答案）

A. 促进健康的目标
B. 预防疾病的目标
C. 恢复健康的目标
D. 减轻痛苦的职责
E. 延长生命的目标

11. 帮助护理对象维持最佳健康水平
12. 帮助护理对象避免或延迟疾病的发生
13. 帮助已出现健康问题的护理对象解决健康问题
14. 帮助护理对象解除身心痛苦战胜疾病

（辛瑞莲　沙凤珍）

第二章　护理工作场所

学习目标

1. 掌握医院的类型及分级，医院的基本性质和任务。
2. 熟悉医院的组织机构，社区概述。
3. 了解社区等其他护理工作场所。
4. 具有热爱专业、乐于奉献的职业精神。

导入情景

一名护理专业学生，被分配到本市一家著名的三甲医院实习，她感到非常的高兴和自豪。可是才到医院实习了两天她就表现出闷闷不乐的样子。科室的带教老师发现了这个情况，就询问她到底怎么了，她说“我刚来医院两天，就被很多人询问某某科在哪里，食堂怎么走，住院手续在哪里办，等等，医院这么大我还晕头转向呢，到哪都有人拉着问路，我又说不清，真是又囧又急。”

工作任务：

1．熟悉自己的工作环境。

2．了解医院的组织结构。

第一节　医　院

医院是对人民群众或特定人群进行防病治病的场所，医院内备有一定数量的病床，必要的设备，相应的医务人员。通过医务人员的集体协作，运用医学科学理论和技术，达到对住院或门诊、急诊患者提供治疗、护理、康复与预防服务为主要目的的卫生事业机构。

一、医院的基本性质与任务

（一）医院的基本性质

卫生部颁发的《全国医院工作条例》指出：“医院是治病防病、保障人民健康的社会主义卫生事业单位，必须贯彻国家的卫生工作方针政策，遵守政府法令，为社会主义现代化建设服务”。这是我国医院的基本性质。

（二）医院的任务

卫生部颁发的《全国医院工作条例》指出，医院的任务是：“以医疗工作为中心，在提高医疗质量的基础上，保证教学和科研任务的完成，并不断提高教学质量和科研水平。同时做好扩大预防、指导基层和计划生育的技术工作”。

二、医院的类型及分级

（一）医院的类型

根据不同划分条件，可将医院划分为不同类型（表 2-1）。

表2-1　医院分类

划分条件	类型
按收治范围	综合医院、专科医院（传染病院、精神病院）、疗养院、康复医院、职业病医院
按特定任务	军队医院、企业医院、医学院校附属医院
按地区	城市医院（市、区、街道医院）、农村医院（县、乡、镇医院）
按所有制	全民所有制医院、集体所有制医院、个体所有制医院、股份制医院、中外合资医院
按经营目的	非营利性医院和营利性医院
按分级管理制度	一级医院（甲、乙、丙等）、二级医院（甲、乙、丙等）、三级医院（特、甲、乙、丙等）

注：有的医院兼有几种类型

（二）医院的分级

医院分级管理是按照医院的功能和相应规模、技术建设、管理及服务质量综合水平，将其划分为一定等级和等次的标准化管理。我国从 1989 年开始，实行医院分级管理制度，并于 2011 年 12 月 24 日下发执行《三级综合医院评审标准（2011 年版）》，医院被分成三级（一、二、三级）、十等（每级分甲、乙、丙等，三级医院增设特等）（表 2-2）。

表2-2　医院分级

级别	划分条件
一级医院	是直接向一定人口的社区提供医疗卫生服务的基层医院，是初级卫生保健机构。如乡、镇卫生院，城市街道医院等。
二级医院	是向多个社区提供医疗卫生服务并承担一定教学、科研任务及指导基层卫生机构开展工作的地区性医院，是地区性医疗预防的技术中心。如一般市、区、县医院、省直辖市的区级医院和一定规模的厂矿、企事业单位的职工医院。
三级医院	是向几个地区甚至全国范围提供医疗卫生服务，并承担教学、科研任务，同时指导一、二级医院工作与相互合作的医疗预防技术中心。如国家、省、市直属的市级大医院、医学院校的附属医院等。

三、医院的组织结构

（一）医院组织结构

我国医院的组织结构是按照卫生部统一颁布的“综合医院组织编制原则”为依据设置的。各医院的组织结构基本相似，实行院长负责制。大致可分为：诊疗部门、辅助诊疗部门和行政后勤部门。各部门之间既分工明确，各尽其责，又相互协调，相互合作（图 2-1）。

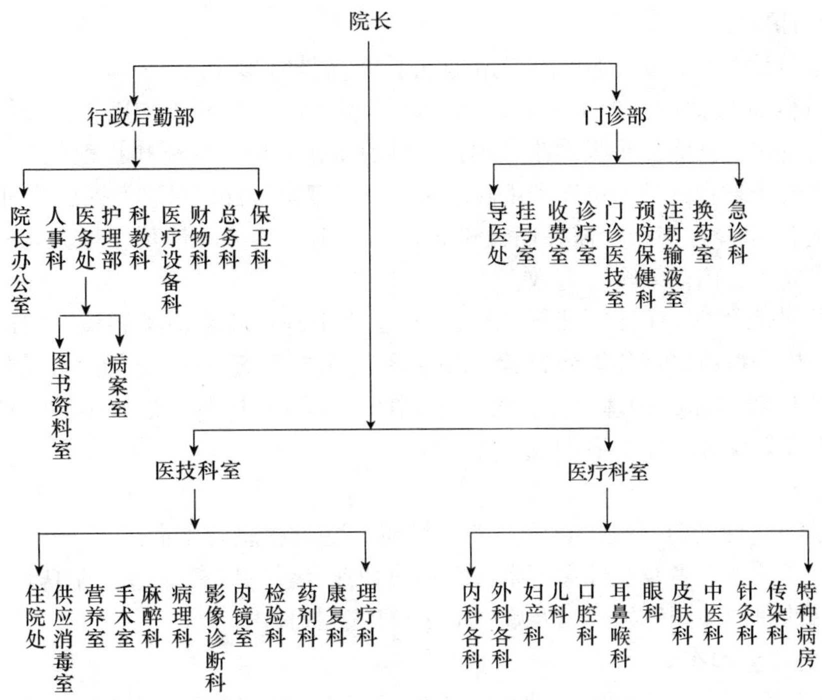

图 2-1　医院的组织结构

（二）医院护理组织

1986 年卫生部召开了全国首届护理工作会议，会后公布了《关于加强护理工作领导，理顺管理体制的意见》，其中对各级医院护理部的设置做了明确而具体的规定。医院的护理组织结构有两种：300 张床位以上的医院设立护理部，实行“护理部主任—科护士长—护士长”三级管理体系；300 张床位以下的医院由总护士长负责，实行“总护士长—护士长”二级管理体系。

护理部在分管副院长、护理部主任的领导下负责拟定护理工作的全面规划并组织实施；制定护理工作的规章制度、护士行为规范、护士质量评价标准，负责全院护理人员的培训、院内调配、考核及提出新入人员的院内分配、奖惩、选拔、晋升等意见，会同人事部门决定；组织推广护理科研和新技术等。

四、医院的环境

（一）门诊

门诊作为医院组织结构中的一个重要部门，是医院面向社会的窗口，是医疗工作的第一线，直接为人民群众提供诊断、治疗、护理及预防保健服务。

1．门诊的设置和布局

门诊特点：人员多、流动性大、病种繁杂、季节性强、就诊时间短，对医生技术要求标准高、患者要求多、投诉多，医生连续性较差、风险较大等特点。

门诊设置：预检分诊处、挂号室以及与医院各科室相对应的诊疗室、检验科、放射科、综合治理室、药房、收费处等。

门诊布局：医院门诊部应设在交通方便处，位于住院部之前，靠近医技科室，方便患者检查、住院。就诊环境以方便患者为目的，使患者感到亲切、宽松、便利，做到美化、绿化、安静、整洁、布局合理。门诊候诊大厅应宽敞、明亮，提供适量的候诊椅。要求布局合理、路标醒目、标志清晰，以方便患者就诊，利于消毒隔离为原则。

2．门诊的护理工作

（1）预检分诊：预检护士应做到先预检分诊，后挂号诊疗。

（2）安排候诊与就诊：护士应分理初、复诊病案，检查环境和用物、按挂号顺序安排就诊。但如遇到高热、剧痛、呼吸困难、出血、休克等患者时，应安排提前就诊。

（3）开展健康教育：护士可以利用候诊时间开展健康教育，对患者提出的问题要耐心解答。

（4）实施治疗：有些治疗需在门诊进行，如注射、输液、换药、导尿、灌肠。治疗中要严格执行操作规程，确保安全、有效。

（5）严格消毒隔离：门诊人群流量大，患者集中，易发生交叉感染，因此要认真做好消毒隔离工作。传染病或疑似传染病患者，应分诊到隔离门诊就诊，并做好疫情报告。

（6）做好保健门诊的护理工作：经过培训的护士可直接参与健康体检、预防接种、疾病普查、健康教育等保健工作的咨询或诊疗工作。

（二）急诊

急诊科是医院诊治急、危、重症患者的场所，是抢救患者生命的第一线。急诊实行24小时开放服务，对危重患者及意外灾害事件，提供快速高效的服务。急诊科护士应具备良好的职业素质，丰富的急救知识和经验以及娴熟而敏捷的急救技术。

1．急诊的设置和布局

急诊设置：急诊科设有预检分诊处、急救室、各专科诊疗室、治疗室、输液室、监护室、清创室、手术室、观察室等，并设有挂号、收费、药房、化验、放射、心电图等辅助科室，组成一个相对独立的单元。

急诊布局：急诊科应位于医院交通最便利的部位。急诊的布局应以方便急症患者就诊为目的，以最大限度地缩短候诊时间，争取抢救时机，优化抢救程序，提高抢救效率为原则。环境应宽敞、明亮，空气流通，安静整洁，便于预防和控制感染。有专用通道和宽敞的出入口，入口处各通道、各检查室均有明显的路标和标志，夜间有明显的灯光指示。

2．急诊的护理工作

（1）预检分诊：预检护士要掌握急诊就诊标准，通过“一问、二看、三检查、四分诊”准确快速地做出判断，并通知相关专科医生进行诊治。

（2）抢救工作：1) 抢救物品：①急救药品主要有中枢神经兴奋剂、强心剂、利尿剂、镇痛镇静剂、血管扩张剂、抗心律失常药、拟肾上腺素药、抗胆碱药、止血药等。②无菌物品主要有各种型号的注射器、输液器、输血器、气管插管包、各种穿刺包、急救包、各种无菌手术包、各种无菌敷料包、导尿包、无菌手套等。③抢救设备主要有电除颤器、心脏起搏器、呼吸机、超声诊断仪、洗胃机、心电图机、简易呼吸器、氧疗设备、吸引设备、血气分析仪、输液泵、注射泵、肠内营养输注泵及各种急救用具等。④一般物品主要有血压计、听诊器、输液架、吸氧管、吸痰管、胃管、开口器、压舌板、舌钳、手电筒、止血带等。⑤通讯设备主要有传呼系统、电话、对讲机等。一切急救物品应做到“五定”，即定品种数量、定点放置、定人保管、定期消毒灭菌、定期检查维修。抢救物品的完好率达到100%。

2）配合抢救：①在医生到达前，护士根据病情给予紧急处理，如测血压、给氧、吸痰、保持呼吸道通畅、洗胃、止血、配血、建立静脉通道、人工呼吸、胸外心脏按压等；②医生到达后，立即汇报处理情况，正确执行医嘱，配合医生进行抢救。因抢救急危患者需要下达口头医嘱，护士执行口头医嘱时应当复诵一遍，双方确认无误后再执行。抢救结束后医生应在6小时内补足书面医嘱。③做好记录，抢救记录内容包括病情变化情况、抢救时间及措施、参加抢救的医务人员姓名及专业技术职称等，并且一定要注明患者、医生到达的时间，抢救措施落实的时间。④认真执行查对制度，各种急救药品的空安瓿需经两人核对无误后方可弃去。输液空瓶、输血空袋等应集中放置，以便进行统计和查对。

（3）留观室护理工作：通常急诊留观室设有一定数量的床位，以收治暂时未确诊的或已明确诊断，但是需要继续观察病情变化的患者。留观室留观时间一般为 3 ～ 7 天。以此急诊护士要做好入室登记、建立病案，认真填写各项记录，书写留观室病案报告；对留观患者加强观察做好护理，并做好出入室患者及其家属的管理工作。

（三）病区

病区是住院患者全面接受诊疗、护理及修养的场所，也是医护人员开展医疗、预防、教学、科研活动的重要基地。病区住院环境要求安全、舒适、安静、整洁，利于患者康复。

1．病区的设置和布局

每个病区设有普通病室、危重病室、抢救室、治疗室、护士办公室、医生办公室、主任办公室、库房、配膳室、浴室、洗涤间、厕所及医护休息室等。

每个病区设 30 ～ 40 张病床为宜，每间病室设 1 ～ 6 张病床为宜，两床之间的距离不少于 1 米。

2．病区的环境管理

（1）物理环境：医院的物理环境也是影响患者生理与心理舒适的重要因素。护士向患者及家属宣传保持病室安静的重要性，以取得他们的配合，共同创造一个安静的休养环境。物理环境要求包括：

1）安静：病区内应避免噪声，白天病区较理想的声音强度为：35 ～ 40 dB；医护人员在病区内要做到“四轻”：走路轻、说话轻、操作轻、关门轻。①说话轻：说话声音适中，评估自己的声量并保持适当的音量。不可以耳语，耳语会引起怀疑。②走路轻：走路时脚步要轻巧，穿软底鞋，防止走路时发出不悦耳的声音。③操作轻：操作时动作要轻，收拾物品时避免相互碰撞。推车的轮轴定期检查并滴注润滑油，以减少过度摩擦而发出的声音。④开关门窗轻：病室的门窗和桌椅脚钉橡胶垫。开关门窗时，随时注意轻开轻关，以避免不必要的噪声。

2）整洁：主要指病区护理单元、患者及工作人员的整洁，如有污染要及时清洁或更换。

3）舒适①病室温度和湿度：病室适宜的温度以 18 ～ 22 ℃为宜，婴儿室、产房、手术室以 22 ～ 24 ℃为宜。室温过高会使神经系统受到抑制，干扰消化及呼吸功能，不利于体热的散发，使人烦躁，影响体力恢复；室温过低则因冷的刺激，使人畏缩，缺乏动力，又可能会造成患者在诊疗护理时受凉。病室相对湿度在 50% ～ 60% 为宜；当湿度过高时，蒸发作用弱，可抑制出汗，患者感到气闷不适，尿液排出量增加，加重肾负担，对患有心、肾疾病的患者尤为不利；湿度过低时，空气干燥，人体蒸发大量水分，引起口干舌燥、咽痛、烦渴等表现，对呼吸道疾患或气管切开患者不利。②通风：为保持空气新鲜，病室应定时开窗通风换气，每次通风 30 分钟左右。③光线：室内明暗度，可影响患者的舒适度。充足的光线，可使患者愉悦，且有利于观察病情。④装饰：病室内和病区走廊适当摆设鲜花和种植绿色植物，既美观，又增添生机。

4）安全：医院应采取各种有效措施，预防和消除一切不安全因素，避免对患者及其他人员造成损伤。

（2）社会环境：医院是社会的一部分，所以病区又是一个特殊的社会环境，医护人员要帮助患者尽快转变角色，适应环境的变化，以促进病情及早康复。其中包括：建立良好的人际关系和确定合理的医院规则。①护患关系：护患关系是护士与患者之间产生和发展的一种工作性、专业性和帮助性的人际关系。相互信任与彼此尊重的护患关系有利于患者的身心康复和护理工作的正常进行。因此，护士在具体的医疗护理活动中，要尊重患者的权利和人格，一切从患者的利益出发，满足患者的身心需求。患者也应该尊重护士，在诊疗护理工作中尽量与护士配合，以充分发挥护理措施的效果，促使早日康复。②患患关系：病友们在共同的住院生活中相互影响，形成不同的病室群体气氛。在积极的病室群体气氛中，病友间相互交流一些疾病治疗、护理常识、生活习惯等，在进行治疗护理时相互鼓励与照顾，与医务人员关系融洽，积极配合治疗和护理。因此，护士应帮助营造一个愉快、乐观的群体氛围。护士对新入院患者应向同室病友介绍，鼓励病友之间的沟通和交往，消除其间的陌生感和不安全感，引导患者之间互相关心、互相帮助、互相支持，建立良好的情感交流；同时护士要善于发现病友之间的不和谐因素，及时给予疏导、解释，使病友之间能相互理解，增进病友之间的友谊；引导患者共同遵守医院各项规章制度，积极配合治疗和护理，促进疾病的康复。对于病情轻重不一的患者，尽量安置在不同的病室，避免不协调因素的影响。

3．病区的护理工作

（1）应用护理程序实施以患者为中心的整体护理，进行护理评估，制订护理计划，执行护理措施，进行效果评估。

（2）执行基础、专科护理常规、护理技术操作规程及相关规章制度。

（3）遵医嘱执行口服、注射、其他途径给药治疗及采集检验标本。

（4）巡视、观察病情变化，参与急危重症抢救并记录。

（5）对患者、患者家属进行健康教育和康复指导。

第二节　社　区

一、社区概述

（一）社区的概念

“社区”一词在20世纪30年代由著名社会学家费孝通先生引入我国，并根据我国的特点将社区定义为“社区是若干社会群体或社会组织聚集在某一个地域里所形成的一个生活上相互关联的大集体”。

（二）社区卫生服务

社区卫生服务是社区建设中的重要部分，是在政府领导、社区参与、上级卫生机构指导下，以基层卫生机构为主体，全科医师为骨干，合理使用社区卫生资源和适宜技术，以人的健康为中心、家庭为单位、社区为范围、需求为导向，以妇女、儿童、老年人、慢性病患者、残疾人等为重点，以解决社区主要卫生问题、满足基本卫生服务需求为目的，融预防、医疗、保健、康复、健康教育及计划生育指导——“六位一体”的有效、经济、连续的基层卫生服务。社区卫生服务不仅要为社区居民提供基本医疗服务，还要提供公共卫生服务和特需医疗服务，是一个以社区为载体、家庭为单位、个人健康为目标的大概念健康服务。

二、社区的组织结构

社区是以社会公共服务和公共管理为主要职能，包括社保、计生、卫生防疫、流动人口服务与管理、城管、综治、安全、生产、住房保障、居家养老等。下设有九个职能科室，包括综合办公室、居民办公室、民政办公室、劳动与社会保障办公室、城管监察办公室、综合治理办公室、计划生育办公室、社会保障事务所和住房保障办公室。

三、社区的环境

社区环境既包括基础设施等“硬件”环境，也包含人际关系等“软件”环境。狭义的社区环境由以下三方面构成：自然环境是指社区内的绿化、净化和美化状态；人文环境是指社区的文化环境和人际关系状态；社会环境是指社区的生活环境和治安状态。

四、社区护理概述

（一）社区护理的概念

社区护理又称社区保健护理或社区卫生护理。美国护理协会定义：社区护理是将护理学与公共卫生学理论相结合，用以促进和维护社区人群健康的一门综合学科。社区护理与传统的临床护理、保健护理有一定的区别。它是以健康为中心，以社区人群为对象，以促进和维护社区人群健康为目标。

（二）社区护理工作内容

1．参与社区诊断工作，负责辖区内人群护理信息的收集、整理及统计分析。了解社区人群健康状况及分布情况，注意发现社区人群的健康问题和影响因素，参与对影响人群健康不良因素的监测工作。

2．参与对社区人群的健康教育与咨询、行为干预和筛查、建立健康档案、高危人群监测和规范管理工作。

3．参与社区传染病预防与控制工作，参与预防传染病的知识培训，提供一般消毒、隔离技术等护理技术指导与咨询。

4．参与完成社区儿童计划免疫任务。

5．参与社区康复、精神卫生、慢性病防治与管理、营养指导工作。重点对老年病患者、慢性病患者，残疾人、婴幼儿，围产期妇女提供康复及护理服务。

6．承担诊断明确的居家患者的访视、护理工作，提供基础或专科护理服务，配合医生进行病情观察与治疗，为患者与家属提供健康教育、护理指导与咨询服务。

7．承担就诊患者的护理工作。

8．为临终患者提供临终关怀护理服务。

9．参与计划生育技术服务的宣传教育与咨询。

（三）社区护理管理

1．定义：社区护理管理是护理管理者行使职权，促进社区护理工作者在社区护理服务中遵循科学发展规律，做到有章可循、职业行为规范，为居民提供优质服务的管理过程。

2．社区护理管理的组织机构

（1）医院或社区卫生服务中心：设护理部主任或总护士长。

（2）医院或社区卫生服务站：设社区护士长负责各站。

（3）独立的社区服务诊所、护理院、护理站：设社区护士。

3．社区护理管理的内容

（1）制度管理：如各类人员的岗位责任制度、护理差错制度、慢性病患者护理管理制度、健康档案管理制度、康复护理制度等。

（2）人员管理：主要对按需配备的社区护士与医生进行管理。

（3）职能管理：完成预防、治疗、保健、健康教育、康复、计划生育六位一体的功能。

（4）设备管理：对家庭护理出诊必备医疗器械、根据实际情况配备的抢救设备等的管理。

（5）物品管理：对物品要求分类放置，专人领取，定期清点、检修。

第三节　其他医疗卫生机构

一、诊所

1．科室设置　至少设有诊室、治疗室、处置室、观察室、消毒室；可选设化验室、B超检查室、心电图检查室、药房；开展简单局麻手术项目的还需设手术室、换药室。

2．基本设备 诊察床、诊察桌、方盘、纱布罐、诊察凳、听诊器、药品柜、血压计、吸引器、出诊箱、紫外线消毒灯、体温计、污物桶、高压灭菌设备、压舌板、处置台、注射器；备有与开展的诊疗科目相应的其他设备。

二、疗养院

疗养院要环境安静、优美，避免噪声，以利于患者的治疗和休养为原则。一般要求是，建筑用地占疗养院总面积的 15% ～ 20%，通道用地占 20%，绿化用地占 60% ～ 65%，只有这样才能保证良好的环境绿化。我国现在的疗养院应注意：①医技楼要处于各疗养科的中心地位。②各建筑物中间保持的距离要适当，既便于联系（不能太远），又要避免干扰（以绿化带缓冲）。③各种运动场地、体疗科、水疗科、泥疗科等应建在疗养楼的一侧。④文娱活动用房建筑宜设在疗养区和生活区之间的适宜位置，使疗养员和工作人员都较为方便。⑤如果行政楼单独设一建筑则应置于既靠近疗养科又比较靠近对外的通道附近，以便与外界联系。⑥疗养区食堂应设在各疗养科都适中的位置。⑦各后勤支持系统（包括锅炉、洗衣间、配电间、车库等）应设在疗养院内的一角。

三、急救中心（站）

急救中心、急救分中心和急救站的设置和布局，应根据所在地区的急救服务半径、人口、交通、经济水平、重点区域以及需求量等综合条件确定。每个地、市必须设一个急救中心或独立建制的急救分中心、急救站，且独立设置。城市救护车辆的配备按每 5 万人 1 辆配置。急救中心宜靠近城市主要居民住宅区，或重点区域，紧靠主要交通干道，便于车辆迅速出发。

四、血液中心

血液中心：每个省级行政区域只设一个血液中心，一般设在直辖市或省会城市；中心血站：在社区的市级人民政府所在城市，可规划设置一所相应规模的中心血站，由省级卫生计生行政部门批准设置；中心血库：在血液中心或中心血站难以覆盖的县（市），可以根据实际需要由省级卫生部门批准设置一所中心血库。

地方各级卫生计生行政部门应当根据人口数量、服务面积、交通情况和血站服务能力等，对血站的功能包括采集、检测、制备、供应等，进行合理规划和调整，确保血液安全和供应。各地应当加强血站血液安全保障能力建设，不断改进血液检测技术，提高血站实验室检测能力。血站可以依法设立分支机构、采血点和储血点。

五、妇幼保健站

妇幼保健站应设有妇科诊断室、妇科检查室、妇科治疗室、计划生育室、儿科室、儿保室、妇保室、产房，B 超室、化验室（常规、生化）、挂号室，注射室、药房、X 光室、红外线乳腺扫描室、妊高征监测室、理疗室、阴道镜检查室、宣教室、消毒室等。

六、其他

其他的医疗卫生机构还有：卫生所、卫生防疫站、疾病预防控制中心等。

护理工作的场所有医院、社区及其他如诊所、疗养院、急救中心（站）、血液中心、妇幼保健站等场所。

医院是治病防病、保障人民健康的社会主义卫生事业单位，其主要任务是以医疗工作为中心，在提高医疗质量的基础上，保证教学和科研任务的完成，并不断提高教学质量和科研水平。同时做好扩大预防、指导基层和计划生育的技术工作。目前我国的医院分为三级十等。门诊是直接为人民群众提供诊断、治疗、护理及预防保健服务的场所，主要护理工作有预检分诊、安排候诊与就诊、开展健康教育、实施治疗、严格消毒隔离、做好保健门诊的护理工作等。急诊科是医院诊治急、危重症患者的场所，是抢救患者生命的第一线，其护理工作有预检分诊、抢救工作、留观室护理等。病区是住院患者全面接受诊疗、护理及休养的场所，也是医护人员开展医疗、预防、教学、科研活动的重要基地。

社区卫生服务是融预防、医疗、保健、康复、健康教育及计划生育指导——“六位一体”的有效、经济、连续的基层卫生服务。

A1 型题

1．医院的中心任务是
A．护理工作
B．医疗工作
C．预防工作
D．保健工作
E．科研工作

2．卫生部医院管理方案将医院分为
A．三级
B．十级
C．三级九等
D．三级十等
E．三级八等

3．以下哪个医院属于一级医院
A．职工医院
B．厂矿医院
C．医学院校的附属医院
D．城市街道卫生院
E．部队医院

4．下列哪种医院可定为三级医院
A．医学院校的附属医院
B．相当规模的厂矿企业单位的职工医院
C．区级医院
D．县级大医院
E．大城市的街道医院

5．对前来就诊的患者，门诊护士首先应进行
A．预检分诊
B．安排候诊
C．协助就诊
D．健康教育
E．保健

6．医院的护理组织结构中要求 300 张床位以上的医院实行
A．一级管理体系
B．二级管理体系
C．三级管理体系
D．四级管理体系
E．五级管理体系

7．以下怎样的患者在排队就诊时不能安排提前就诊

A．高热患者
B．剧烈腹痛患者
C．呼吸困难患者
D．出血患者
E．老年人

8．以下哪一条不是医院工作人员需要做到的“四轻”
A．说话轻
B．推车轻
C．操作轻
D．走路轻
E．关门轻

9．为保持病区环境安静，噪声的强度不宜超过
A．60 分贝
B．50 分贝
C．40 分贝
D．30 分贝
E．80 分贝

10．一般病室适宜的温度是
A．16 ～ 18 ℃
B．18 ～ 22 ℃
C．23 ～ 25 ℃
D．26 ～ 28 ℃
E．22 ～ 24 ℃

11．一般病室适宜的湿度是
A．20% ～ 30%
B．30% ～ 40%
C．50% ～ 60%
D．60% ～ 70%
E．70% ～ 80%

12．为保证患者有适当的活动空间，病床之间的距离不得少于
A．1 m
B．2 m
C．0.5 m
D．0.8 m
E．3 m

13．不属于门诊护理工作范畴的是
A．预检分诊
B．健康教育
C．消毒隔离
D．安排候诊与就诊
E．康复训练

14．急诊的预检护士要掌握就诊标准，做到
A．一问、二看、三检查、四分诊
B．一看、二检查、三问、四分诊
C．一检查、二问、三分诊、四看
D．一问、二分诊、三看、四分诊
E．一分诊、二问、三看、四检查

A2 型题

15．某医院产科病区这几天人满为患，但是为了保持室内的安静，应该
A．医护人员在操作时应做到“四轻”
B．白天病室的噪声环境应保持在 35 ～ 50 dB
C．病区、室内安装隔音设备
D．病室放置花卉等
E．与患者交谈时应保持 2 米

16．某医院门诊患者肝功能检查报告：血清转氨酶升高，同时患者主诉肝区隐痛，恶心，呕吐，等症状，护士应立即
A．安排提前就诊
B．转急诊室处理
C．转入隔离门诊诊治
D．进行健康教育
E．测量患者生命体征

17．患者，男，36 岁，因交通事故导致脾破裂和多发性骨折，被送至急诊室，在医生未到之前，当班护士应立即
A．询问发生交通事故的原因
B．向公安部门报告
C．安慰患者
D．给患者测血压，建立静脉输液通道
E．进行健康教育

18．门诊护士小张在维持候诊患者秩序时发现一位 30 岁左右的男子口唇青紫表现出呼吸困难的样子，请问，小张应该怎样帮助他
A．安排提前挂号
B．提前就诊或送急诊处理
C．向有关人员报告

D．安慰患者

E．安排转院

A3/A4 型题

（19 ~ 20 共用题干）

患儿，男，2 岁，因咳嗽、高热，伴呼吸困难、口唇发绀，于今日下午来院就诊。

19．对该患儿，护士首先应

A．调整就诊顺序，马上就诊

B．采取多种方式对其进行健康教育

C．在医生未到来之前给予胸外心脏按压

D．立即通知护士长和有关科室

E．分诊到隔离门诊就诊，并做疫情报告

20．该患者住院时其病室的温度和湿度应是

A．温度 18 ~ 22 ℃，湿度 20% ~ 30%

B．温度 22 ~ 24 ℃，湿度 70% ~ 80%

C．温度 22 ~ 24 ℃，湿度 50% ~ 60%

D．温度 18 ~ 22 ℃，湿度 22% ~ 24%

E．温度 22 ~ 24 ℃，湿度 50% ~ 60%

（于艳霞　李华英）

第三章 护士与患者

学习目标

1．掌握护士角色特征，护士的基本素质；患者角色特征，常见角色适应不良；护患关系的基本模式，影响护患关系的因素。

2．熟悉护士的行为规范；护患关系的发展过程；建立良好护患关系对护士的要求，护患沟通常见失败的原因；护士在帮助患者角色适应中的作用。

3．了解护士角色、患者角色的概念；素质、护患关系和护患沟通概念；促进护患关系的方法；护患沟通的特征，护患沟通常用技巧。

在护理工作过程中，护士要与患者维系良好的关系，是更好地实施整体的、连续的护理服务的基础。护理工作是护士与患者为了达到医疗护理的共同目标而发生的互动过程。在这个互动过程中，患者需要护士提供帮助，护士需要患者配合工作，患者与护士之间需要建立良好的护患关系。由于护患双方不同的文化背景、人格特征、角色立场等因素，可能影响到护士与患者的关系以及护理工作的开展，进而影响患者的康复。因此，在这个特定环境中护士与患者是两个重要角色。所以，作为护士必须认识和了解护士与患者的角色及其功能，建立和发展良好和谐的护患关系，以帮助患者促进、维持和恢复健康。

第一节 护 士

导入情景

李女士，43岁，近期出现心悸、出汗、眼睑水肿、进食和便次增多，但是体重下降，来院就诊，门诊医生以“甲状腺功能亢进症”收入院。李女士刚走进病区，护士小张便迎上去，笑容可掬地自我介绍：“您好！我是内分泌科的护士张可，您可以叫我小张，我是今天的责任护士，请问您怎么称呼？”李女士回答后，小张又说“李姨，我就是您的责任护士，稍后呢我会给您介绍一下医院的环境，我现在先带您去病房，住院期间有问题您可以随时找我”。说着引导李女士朝病房走去。到了病房后，小张说：“您可以先躺着休息一会儿，我已经通知了医生，很快他就会来给您检查的”。小张热情的态度、亲切的语言给李女士留下了非常好的印象。通过交流，小张了解到李女士平素身体健康，这次生病了有些焦虑，担心身体是不是出了什么大问题，缺乏疾病的防治知识。所以，小张根据李女士的病情和其家属一起商讨并制订了切实可行的护理方案。李女士和她的家人对小张的工作非常满意，并表现出积极配合治疗疾病的决心。

工作任务：

1．护士的基本素质。

2．患者角色的适应不良。

3．护患关系的三种基本模式。

4．建立良好护患关系对护士的要求。

护士是医院这个特定环境中多种角色中的一种，有其特定的社会行为模式，特定的权利和义务。随着科技的不断发展，人民生活水平的提高和对健康保健的重视，社会对护士素质的要求也越来越高，护士的角色和功能范围不断扩大和延伸。由于医学模式的改变和护理工作内容的变化，在以患者为中心的整体护理模式下，要求护士受过专业教育，取得执业资格，并在执行护理活动时，具有良好的专业知识和技能，高尚的职业道德和修养，为患者提供高质量的护理服务。

一、护士角色

（一）概念

1．角色　角色是社会心理学中的专门术语，是对某特定位置的行为期待与行为要求，是个体在多层面、多方位的人际关系中的身份和地位。也可以说，角色是个体在某种特定场合下的权利、义务和行为准则。个体在不同的时间和空间里，会扮演着许多不同的角色。

2．护士角色　护士角色是指护士应具有的与职业相适应的社会行为模式。这种行为模式起源于社会的职业要求，并随着社会文明程度的提高，科学技术的进步，尤其是随着护理事业的发展而不断地发生着变化。护士作为一种社会角色，应根据社会对护士角色的期望而努力塑造自我，逐步完善自身，以满足社会对护士的角色期待，更好地开展护理工作。

（二）护士角色的特征

1．我国的护士角色

（1）护理者：提供照顾是护士的首要职责。护士的主要任务是用专业知识和技能满足患者在患病过程中的生理、心理和社会文化、感情精神等方面的需要，最大限度地帮助患者保持及恢复健康、预防疾病、减轻病痛、控制感染，减少服务对象对疾病的各种压力反应等。

（2）计划者：为了有效地满足患者的需要，解决患者的健康问题，护士应根据患者的具体情况制订出系统全面、切实可行、针对性强的护理计划，并按照护理计划为患者实施护理服务。

（3）教育及咨询者：护士必须应用自己的知识及能力，根据患者的具体情况对患者及其家属进行健康教育或提供咨询，指导疾病预防、维持健康、康复知识及技能等，以最大限度地改善患者的健康状态和健康行为，促进患者康复。

（4）管理者及协调者：在临床护理工作中，护士必须管理及组织患者护理的过程，合理利用资源，并协调护理过程中与各种人员之间的关系，最大限度地满足患者需要，保证患者获得最适宜的整体性医护照顾，以保证良好的护理质量。

（5）研究者和改革者：护理事业的不断发展，护理质量的不断提高与护理科研是密不可分的。护士应具有用科学研究的方法解决护理实践、护理管理、护理教育等各个领域中问题的能力。同时，护士应具有改革精神，运用科学思维，在实践中通过应用和检验，深入护理服务改革，促进护理专业的发展的能力。

（6）患者利益维护者：护士应为患者提供一个安全的环境，有责任帮助患者从其他健康服务者那里获取相关信息，并补充需要的信息，维护患者的权益不受侵犯或损害。在患者没有能力分辨或不能表达自己的意图时，应为患者辩护。同时，护士还需评估有碍全民健康的问题和事件，有为医院或卫生行政部门提供健康报告和建议的责任、权利和义务。

（7）沟通者：护士应与患者、家属、医生、同事及其他健康工作者沟通，使各种健康服务者更加明确患者的需要及疾病的发展过程，为患者提供个性化的整体护理服务，以更好地满足患者的需要。

2．国外护士的角色扩展

目前，世界上一些西方发达国家，护士专业角色在不断地扩展。随着护理教育水平的提高，出现了具有硕士或硕士以上学位的护士，担任不同专业角色的护理专家。护士的社会地位和形象也随之改变，我国护士也正在朝着这个方向发展，拓宽护士职业发展路径。

（1）临床护理专家（Clinical Nurse Specialist，CNS）：主要在医院、老人院、私人医生诊所、社区卫生服务机构，为服务对象提供各种身心保健护理服务。与其他医务人员合作，从事临床研究，解决复杂的临床护理问题，同时也从事咨询、教育及管理工作。如成人 – 老年临床护理专家、成人健康临床护理专家、家庭健康临床护理专家、儿科临床护理专家等。

（2）开业护士（Nurse Practitioner，NP）：主要在自己单独开业的护理诊所、老人院、医院、私人医生诊所等机构，为服务对象提供各种卫生及预防保健服务。开业护士能够独立开处方，并对常见疾病及损伤进行诊断及治疗。

（3）专科证书护理助产士（Certified Nurse-Midwife，CNM）：主要在医院、分娩中心及家庭为健康妇女提供妇科保健，为危险性较低的产妇提供助产服务。

（4）高级专科注册护士（RN, CS）：注册护士（registered nurse，RN），C 指证书（certificate），S 指专科（special areas）。在妇产科、儿科等护理专科领域，高级专科注册护士可以是独立开业者或以临床护理专家的身份开展护理工作。高级专科注册护士一般要具有相应的临床经验。

（5）护理麻醉师（Certified Registered Nurse Anesthetist，CRNA）：主要从事各种手术的麻醉及其他麻醉护理。美国每年有 65% 以上的手术麻醉由护理麻醉师实施。

（6）护理教育者（nurse educator）：护理教育不仅拥有理论知识，而且要有丰富的临床实践经验。主要工作在高等医学院校、护理继续教育培训机构、健康教育服务部门等场所，从事护理教育、科研及管理等工作。

（7）护士行政管理者（nurse administrator）：主要指专门从事护理管理的人员。在各种健康相关机构和场所、学校等部门，行使护理行政管理职责。包括财务预算、人员招聘、机构工作计划的安排和制定，参与卫生保健方针政策的制定，促进医疗保健制度的改革。

（8）企业家：经营与健康保健有关的公司，提供护理服务、咨询和教育服务等。

知识链接

有关美国的护士注册考试（NCLEX-RN）

NCLEX-RN 考试内容是根据美国护理院校新毕业生应具有的知识和能力水平而拟定的。目前采用机考的形式，分为护理理论和临床理论两个部分，包括护理工作的五个传统领域，即内科、外科、妇产科、儿科和精神科。采取综合性考试。外籍考生如想参加美国护士执照考试，必须在本国受过全面的护理教育，且取得本国的护士执照。美国某些州（占 80% 以上的州）的护士局，要求在美国之外地区受非英文护理教育的护士，先取得 CGFNS（Commission on Graduates of Foreign Nursing Schools Internation）机构颁发的“护士资格证书”，以此作为参加注册护士执照考试的先决条件。美国有一些州护士局要求外籍护士的英文 TOEFL 分数线在 550 分以上，才可以参加注册护士执照考试。

二、护士素质

（一）概念

1．素质

素质在概念上有狭义和广义之分。狭义素质概念，是指生理学和心理学上的素质概念，即“遗传素质”，指“人或事物在某些方面的本来特点和原有基础”。广义素质概念，泛指整个主体现实性，即在先天与后天共同作用下形成的人的身心发展的总水平。目前，素质的概念多指广义的素质概念。可分为先天和后天两方面，先天是自然性的一面，是指人与生俱来的某感知器官、神经系统，特别是大脑结构和功能上的一系列特点；后天是社会性的一面，是指人在先天的基础上，受后天生活和教育环境的影响，通过个体的认知、学习、社会实践和自我修养而获得的一系列知识技能、行为习惯、品质特点及文化涵养的综合表现。

2. 护士素质

护士素质是指护士在护理工作中应该具备的基本条件和能力，主要靠后天的学习及实践获得。包括思想道德素质、专业素质和身心素质。具备良好的职业素质是护士从事护理工作的基本条件。

（二）护士的基本素质

1. 思想道德素质

（1）政治思想素质：热爱祖国、热爱人民，具有高尚的道德情操及正确的人生观、价值观、世界观，热爱护理事业，对护理事业有坚定的信念，具有为人类健康服务的奉献精神。

（2）职业道德素质：具有高尚的职业道德，对护理事业具有深厚的情感。忠于职守，具有诚实、慎独的修养，以及高度的社会责任感和同情心，能树立良好的医德医风，做到以患者为中心，设身处地为患者着想，具有责任心、同情心，尊重患者的尊严、人格及权利，以最好的方式为患者护理。

2. 专业素质

（1）科学文化素养：护士应具备一定的自然科学及人文社会科学知识，以更好地适应医学模式的转变和护理学科的发展。

（2）扎实的理论知识和实践技能：有足够的能力及知识去实施各种护理措施。

（3）敏锐的洞察能力：护理只有具备敏锐的洞察能力，才能及时发现患者细微的病情变化，明确判断患者问题的轻重缓急并及时处理，协助诊断及治疗。

（4）解决问题的能力：面对护理工作中出现的各种各样的问题，根据患者的具体情况，依据自己的专业知识，果断做出最适当的决策，及时解决患者出现的各种问题。

（5）具有良好的沟通、咨询及教育能力：能随时将患者的病情进展及治疗情况与有关人员沟通。对患者的问题耐心倾听，给予适当的答复，并能在合适的场合实施正式或非正式的健康教育。

（6）具有独立学习和评判性思维的能力：随着护理学科的不断发展，护士要及时更新理念，善于发现工作中的问题，在遇到具体的护理疑难问题时，进行合理质疑和独立思考，能主动进行文献资料的查阅，或咨询相关专家，不断完善知识结构，做出最佳护理决策。

3. 身心素质　护士除了具有思想道德素质和专业素质外，还应具有良好的身心素质。护士特定的工作环境及特点，决定了护士应具有健康的体魄、充沛的精力、端庄的仪表举止以及稳定的情绪状态和积极的情感感染力，同时，具有良好的耐受力、敏捷的反应力和始终如一的工作热情，以满足护理工作的各种角色要求，应对各种复杂的护理环境，做好患者的身心康复护理工作，并维护个人的身心健康。

知识链接

慎独

慎独源自儒家经典《中庸》《大学》两书，其中把慎独视为一种道德修养方法和很高的道德境界。《中庸》中："天命之谓性，率性之谓道，修道之谓教，道也者，不可须臾离也，可离非道也。是故君子戒慎乎其所不睹，恐惧乎其所不闻。莫见乎隐，莫见乎微，故君子慎其独也。"《大学》中："所谓诚其意者，毋自欺也。如恶恶臭，如好好色，此之谓自谦，故君子必慎其独也，小人闲居为不善，无所不至。见君子而后厌然，掩其不善而著其善。人之视己，如见其肺肝然，则何益矣。此谓诚于中，形于外。故君子必慎其独也。"这就是说，天所赋予人的善性，顺着这种善性行事就是做人的原则、道理或道德。按照这样去修养是人们一刻也离不开的。能够离开的也就不是做人的原则、道理或道德了。所以"君子"在别人看不见的时候，总是非常谨慎的，在别人听不见的情况下，总是十分警惕的。最隐蔽的东西最能看出人的品质，最微小的东西最能显示出人的灵魂。所以，"君子"在独自一人，无人监督时，总是非常小心谨慎地不做任何不道德的事。

护理工作直接为人的生命和健康服务，护士的道德水准直接支配和影响护理行为，并对患者的生理、心理产生影响。护士单独操作的机会多，有些工作甚至是在患者无法感知或无人监督的情况下进行的，更难对其进行监督和了解。能否认真负责，一丝不苟，谨慎处置，在很大程度上是靠自己的道德修养信念，靠护士的慎独意识。因此，身为护士应不断用行业规范审视自己的工作行为，无论单独工作还是与人合作都应时时提醒自己。在任何时候都不做损害患者利益和影响患者生命健康的事，以良好的"慎独"意识来规范和约束自己的行为。

三、护士的行为规范

行为规范是人们在社会活动中，其思想、行为应遵循的符合自身职业特征的准则和规范。护士的行为规范直接关系到护理队伍甚至医院的形象，关系到医院的医疗护理质量。由于行业特殊性，护士的仪表、仪态、言谈举止要求更为严格，以体现良好的护士素质，更好地为人类健康服务。

（一）护士仪表

护士仪容整洁简约，端庄文雅，护士的妆容要求自然、美观、得体、协调。护士的头发要求前不遮眉、后不搭肩、侧不掩耳，以体现护士庄重的风格。不戴影响护理操作的饰物，不浓妆艳抹，给人以亲切、纯洁、文明的印象。护士服整洁、平整、无破损，胸牌、护士表佩带整齐，不留长指甲，不涂指甲油，说话轻、走路轻、关门轻、操作轻，体现护士的良好职业形象。

（二）护士言谈举止

护士的言谈举止对服务对象的身心健康会产生重要影响。护士与患者进行语言交流，是医疗工作中治疗疾病的一种手段，要善于根据不同对象和具体情况灵活运用，要尽可能地用安慰、体贴、鼓励、充满热情的话与患者言谈，交流中认真倾听。

护士的举止是一种无声的语言，同样会给患者带来良性或恶性刺激，得体稳重的举止会给患者以安慰与信赖，体现着自我尊重。护士还要注意体态，要符合人体力学原则，站姿、坐姿、行姿、蹲姿保持最佳生理姿势及最优雅的体态。

此外，护士还要注意面部表情、身体姿势、语气、语调和空间位置等非语言行为所传递的信息。

第二节　患　者

一、患者角色

（一）概念

患者角色最初由美国社会学家帕森斯（Parsons）于1951年在其所著的《社会制度》中提出，是指社会对一个人患病时的权利、义务和行为所期望的行为模式，一般被认为是“由于某些原因引起生理、心理的变化或阳性体征出现而导致个体行为变化且得到社会承认的人”。每个人患病后都会从不同的社会角色进入患者角色。

（二）患者角色特征

1．免除或减轻日常生活中的其他角色及义务　免除的程度取决于疾病的性质、严重程度、患者的责任心，以及患者所得到的支持系统的帮助。

2．患者一般不需要对其患病承担责任　患病是个体无法控制且不以人的意志为转移的，人对其自身生病的状态是无能为力的。因此，患者对其陷入疾病状态一般是没有责任的，他们需要受到照顾，也有权利获得帮助。

3．具有接受治疗、恢复健康的义务性和主动性　社会期望每一个成员都健康，并承担应尽的责任，大多数患者都期望早日恢复健康，因此，患者有恢复健康的义务和责任，并为治疗疾病、恢复健康主动做出各种努力。然而，由于患者角色所带来的一些特权，可成为其继发性获得益处的来源，因此，有些人安于患者角色，甚至出现角色依赖等。

4．寻求有效帮助、配合医护治疗疾病的责任　患病后个体会主动寻求医护人员等他人的帮助，包括疾病的知识、技术帮助和从亲属、朋友处获得情感上的支持，以促进健康的恢复。在疾病治疗和护理过程中，患者不能单凭自己的想法行动，必须与医护人员合作，严格遵守治疗和护理要求，积极配合治疗方能有利于恢复健康。如遵医嘱按时服药、休息、治疗、适当运动锻炼等。

（三）常见的患者角色适应不良

患者若不能正常行使其权利和义务，就会产生角色适应不良。任何患者，从患病前的社会角色状态向患者角色转变或从患者角色又转变回社会角色状态时，都需要一个角色适应过程。在这个适应转变过程中，如果适应不良，往往导致患者心理和行为的改变，常见的角色适应不良及主要心理原因如下：

1．角色行为缺如　指患病的人没有进入患者角色，不愿意承认自己是患者。这是一种心理防御的表现，患者往往自我感觉良好，或认为医生诊断有误，不能很好地配合治疗和护理，或采取等待观望的态度，认为症状还没严重到需要治疗的程度，这些情况均易导致延误疾病的诊治。常发生于由健康角色转向患者角色及疾病突然加重或恶化时。

2．角色行为冲突　指患者在适应患者角色过程中，与患病前原有的其他角色发生冲突所引起的行为矛盾，是一种视疾病为挫折的心理表现。当患者从其他角色转变为患者角色时，其他角色则属于从属角色，若患者不能很好地由常态下的社会角色转为患者角色，则会对治疗和康复带来很大的不利影响。如一位母亲因自己生病而无法照顾孩子的生活造成的母亲角色和患者角色冲突，出现焦虑、悲伤等情绪反应。

3．角色行为强化　指患者因患病而导致自信心减弱，安于患者角色现状，对自我能力表示怀疑，对疾病将要恢复后所承担的社会角色责任感到恐惧不安，产生退缩和依赖心理。另外，生病使患者享受相应的精神和经济上的“特权”，而患者往往希望继续充当患者角色。如骨折患者康复阶段需进行各种功能锻炼，患者对简单的锻炼常表现出畏惧、困难、病痛等，日常生活难于自理，依赖于护士和家属的帮助，即属于角色行为强化。这是患者角色适应中的一种变态现象。

4．角色行为消退 指患者已适应患者角色后，由于某种原因，使其又重新承担起原有的社会角色，患者往往忽视了患者角色而偏重其他角色。如患病的母亲因孩子生病需要照顾而放弃患者角色，承担起原有的母亲角色。

5．角色行为异常 指患者虽知道自己是患者，但久病、危重及难治之症等患者，因受疾病折磨出现攻击性言行，悲观厌世甚至自杀等异常行为表现。如一艾滋病患者，因病情恶化、精神及经济等的多重压力，而表现出绝望、封闭、悲观、拒绝治疗，对医护工作不满，甚至质问、辱骂、殴打医护人员等行为。

（四）护士在帮助患者角色适应中的作用

个体生病后，由于正常的生活、工作被打乱，及个体所承受的疾病痛苦，影响其生理、心理状态，改变其对周围事物的感受和态度，影响患者角色适应。护士有责任在患者角色适应中起指导作用。主要包括以下四方面：

1．指导患者适应角色 患者初次入院时，向患者介绍病区的环境、制度、注意事项等，同时自我介绍等，以消除患者的陌生感和恐惧感，建立良好的护患关系，使患者建立角色适应的信心。住院期间护士要善于观察患者，通过沟通及时了解患者情绪和情感的变化，当发现患者出现焦虑、不安、恐惧等情绪时，及时对患者进行心理疏导。

2．正确评估患者角色适应水平 角色适应受患者个性、性别、年龄及其文化背景影响，会出现不同的行为改变，护士应注意评估患者的角色适应水平，当患者出现角色缺如或角色消退现象，容易对治疗失去信心，如一些长期住院、伤残或失去工作能力的患者；有些患者在恢复期出现角色强化，护士要了解其变化并适时给予帮助，使其在心理上达到新的平衡。

3．创造良好舒适的医院环境 良好的环境是保证患者生理、心理舒适的重要因素之一，有利于疾病的康复和促进患者角色适应。如为患者创造保护隐私的空间，安静、美观、温湿度适宜的环境，可以减轻患者因住院而产生的“社交隔离感”。

4．指导其社会支持系统发挥作用 如指导其家庭、同事、亲朋好友等为患者提供所需的帮助，心理的支持和关怀，保持患者的自尊心及价值感等，积极利用社会支持系统，可以缓解患者患病期间的焦虑等情绪，维护患者身心安定，促进患者角色适应。

在护理工作中，护士应善于分析和判断患者角色，针对患者角色特征和角色适应情况，提供帮助和满足患者角色适应的各种需求，促进患者尽快完成角色转变，以利于其配合治疗，早日康复。

二、患者的权利与义务

（一）患者的权利

患者的权利是指患者患病后应享有的合法的、合理的权力和利益。

患者的权利包括下列主要内容：①免除一定的社会责任与义务的权利。②享受平等医疗的权利。③隐私保密的权利。④知情同意的权利。⑤选择服务的权利。⑥监督服务的权利。⑦参与决定有关个人健康的权利。⑧获得赔偿的权利。⑨请求回避权。

（二）患者的义务

患者的义务是指患者应尽的责任。权利和义务是相对的，患者在享有正当的权利同时，也应负起应尽的义务，对自身健康和社会负责。

患者的义务包括下列主要内容：①自我保健和恢复健康的义务。②及时寻求和积极配合医疗和护理帮助的义务。③准确提供医疗资料和配合医护活动的义务。④遵守医院规章制度的义务。⑤尊重医疗保健人员及其他患者的义务。⑥按时、按数支付医疗费用的义务。⑦病愈后及时出院及协助医院进行随访工作的义务。

第三节 护患关系

导入情景

武大爷，56 岁，因腹泻来院就诊，输液中有一组液体中加入了氯化钾，该药对血管有一定的刺激性。在护士小王来换液体时，武大爷向小王询问输的是什么药？并述说输液的手臂疼痛不适。小王不但没有告诉她药物的名称，还没好气地说“谁打针都疼，忍忍不就行了。”武大爷听了很生气，告诉了陪同的儿子，他儿子立即找护士长去反映了此事。

工作任务：

1. 影响护患关系的因素。
2. 促进护患关系的方法。

在医院这个特定的环境中，护理服务过程涉及多方面的人际关系，但其本质是以患者为中心延伸开来的，即护患关系。护患关系是护理人际关系的核心，也是影响护理人际关系平衡的最重要因素。因此，护士应了解护患关系的内容、特征等，重视和处理好这种关系，对建立和谐的护患关系和促进患者康复具有重要意义。

一、概念

护患关系（nurse-patient relationship）指在护理工作过程中护士与患者在相互尊重并接受彼此文化差异的基础上，形成和发展的一种工作性、专业性和帮助性的人际关系，是护理人员通过医疗、护理等活动与患者建立起来的一种特殊的人际关系。护患关系是护理人际关系的主体，是护理实践活动中最主要的一种专业性人际关系。

二、护患关系的基本模式

护患关系模式是医学模式在护理人际关系中的具体体现。可依据护士和患者双方在共同形成的人际关系结构中所发挥的作用、心理方位、主动性及感受性等因素的不同，将护患关系分为主动 – 被动型、指导 – 合作型、共同参与型三种基本模式。

（一）主动 – 被动型模式

主动 – 被动型模式是一种传统的、单向性的、以疾病为中心的护患关系模式。

1. 特点 主动 – 被动型模式的特征是“护士为患者做什么”，此模式下，护士处于主导地位，患者被动接受护理，绝对服从护士的处置与安排。护患双方存在显著的心理差位。

2. 适应对象 主动 – 被动型模式只适用于某些特殊患者，如昏迷、休克、全身麻醉未清醒、意识严重障碍、婴幼儿、危重、智力低下以及精神障碍等患者。此类患者一般无法参与表达意见，需要护士发挥积极主动作用。

（二）指导 – 合作型模式

指导 – 合作型模式是微弱单向的、以患者为中心的护患关系模式。

1. 特点 指导 – 合作模式的特征是“护士告诉患者应该做什么和怎么做”，此模式下，护士仍处于主导地位，但患者有一定的主动性，可以向护士提出意见和要求，但以执行护士的意志为基础，以主动配合为前提。护患双方存在微弱的心理差位。

2．适应对象 指导－合作型模式适合于病情较重但神志清楚的患者、病程短的急性患者、外科手术恢复期的患者等。患者希望在护士的指导下，充分发挥自己的主观能动性，以便更好地配合治疗和护理，促进早日康复。

（三）共同参与型模式

共同参与型模式是双向的、以人的健康为中心的护患关系模式。

1．特点 共同参与型模式的特征是“护士帮助患者自我恢复”，此模式下，护患双方处于平等地位，护患不仅要合作，还要积极主动地参与到护理讨论中来，患者在体力允许的情况下，独立完成如洗头、服药等护理措施。护患双方为心理等位关系。

2．适应对象 共同参与型模式主要适用于慢性病患者、康复期患者和受过良好教育的患者。他们对自身的健康状况比较了解，有强烈的参与意识。此类疾病的护理常会涉及帮助患者改变以往的生活习惯、生活方式、人际关系等，如护士教给糖尿病患者怎样检测血糖、注射胰岛素、控制饮食等。

在临床护理工作中，这三种模式是客观存在的，并没有好坏之分，选择哪一种关系模式依据患者的疾病性质以及患者的人格特征等。即使对同一患者也会随着其病情变化而由一种模式转为另一种模式。

三、护患关系的发展过程

护患关系是以患者康复为目的的特殊人际关系，在护理活动中，护患关系的发展是动态的过程，并且各阶段是相互重叠、相互影响的。一般分为三个阶段：初始期、工作期和结束期。

（一）初始期（观察熟悉期）

初始期是护士和患者的初识阶段，此期是建立良好护患关系的关键时期。指护患双方开始接触到熟悉，并初步建立信任关系的阶段。此期主要任务是建立信任感和确认患者的需要。此阶段应向患者介绍治疗环境及设施、医院各项规章制度、医护人员等，并初步收集患者生理、心理、社会、文化和精神等方面的信息与资料。此阶段护士端庄的仪表、良好的言行和态度均有利于良好护患关系的建立。

（二）工作期（合作信任期）

工作期是护士为患者实施治疗护理的主要时期，也是建立良好护患关系的最主要阶段。护士在双方初步建立信任关系的基础上，与患者共同协商制订护理计划。此期主要的任务是与患者共同面对疾病，提供适当的护理支持，帮助患者解决已确认的健康问题，满足患者的需要。此阶段护士的知识、能力和态度是保证良好护患关系的基础。

（三）结束期（终止评价期）

结束期是护患双方通过密切合作，达到了预期护理目标，护患关系即将进入终止阶段。此期的主要任务是做好出院准备工作，包括进行相关评价（如护理目标是否实现等）、提供健康教育和咨询，制订出院计划和康复计划，患者也应对自身健康状况及护理服务做出正确评价，为结束护患关系做准备。此期应该是护患关系最融洽的时期，绝大多数患者都能留下满意的评价。此阶段，护士还应继续关注患者健康状况，不能掉以轻心，避免患者病情反复。

四、护患关系的影响因素

护患双方的关系基础是一致的，都是为了更好地使患者恢复或保持健康，彼此不存在利益冲突，但是在医疗护理活动中，由于多方面原因，护患之间尚存在不和谐现象，主要原因有以下几个方面。

（一）护士因素

1．职业道德修养　良好的职业道德是建立和发展护患关系的基础。职业道德不良主要表现为服务态度生硬，因缺乏工作责任感、粗心大意、玩忽职守造成医疗护理差错事故等。良好的服务态度和认真负责的工作精神是护患之间建立信任感的基础。

2．业务能力不足　精湛的业务水平是作为护士的必备条件。护理业务能力不足主要表现为不钻研业务，对患者健康教育等内容掌握不透彻，对护理操作技术等操作不熟练，增加了患者痛苦或延误了治疗时间。

（二）患者因素

1．对护理工作存在偏见　受传统观念的影响，认为护理工作不重要，对护士缺乏信任。

2．法律意识增强　随着自我保护和法律意识的增强，患者在积极维护自身权益的同时，也会出现一些患者过度维权的现象，总想以最小的付出得到最佳的服务，常对医疗费用、治疗效果及医护人员产生质疑。

3．生理心理因素　患者在经受疾病之后，由于疾病本身带来的病理生理改变加之医院陌生的人与环境等，极易导致患者对事物的认知以及期望产生偏差，进而造成护患双方的分歧。

（三）社会因素

1．责任冲突　由于国家卫生法律法规建设滞后，护患双方的权利与义务，以及医疗卫生工作秩序的维护方面仍存在薄弱环节，护患关系中的许多矛盾冲突经常是因为双方不能正确认识自己应当承担的责任和义务而产生的冲突，甚至出现扰乱医院正常秩序的事件。

2．医疗保健供需矛盾　目前，我国还存在医疗卫生资源不足，分配不均等现状，远不能满足广大人民群众的需要，引起患者对医疗服务的不满。

五、促进护患关系的方法

（一）护士主动沟通交流，提供疾病信息

护士作为主导者，在促进护患关系向良性方向发展的过程中，应主动与患者沟通，并将人文沟通技巧应用于护理沟通过程中，增强患者对护士角色功能的认知，促进护患双方对角色的理解，有利于良好护患关系的建立，也更好地满足服务对象的需求。

（二）建立信任关系，避免和减少理解分歧

信任感是建立良好护患关系的前提。在护理过程中，护士应以良好的言行和高度负责的态度，通过爱心、耐心、责任心和同情心，对患者实施护理。相互信任的双方能营造一种支持性的交流气氛，患者能主动提供相关疾病信息，积极配合治疗护理；护士能充分理解患者的身心健康问题，保障其合法权益。

（三）不断提高业务能力，维护双方权益

护士应注重业务的不断钻研，精湛的业务能力不仅可以增加患者的信任感，也是保障护患双方合法权益的重要条件。护士是维护患者权益的主导者，因此在其职业发展规划中，应注意不断提高自身业务素质和能力，为患者提供安全、优质的护理服务。

（四）注重职业道德修养，提高患者安全感和信任感

护士应不断提高自身职业道德修养，以良好稳定的心理素质及沟通技巧，解除护患交往中患者的阻抗心理，促进护患关系良性发展。职业道德是建立和发展良好护患关系的基础。

（五）注重安全文化，避免责任冲突

注重护理安全文化理念的灌输，如许多疾病的发生与人们吸烟、酗酒等不健康行为相关，而这些行为是医护人员可以通过健康宣教、指导等得以纠正的。对于可能或已经发生的健康问题，通常可以通过有效沟通得以解决。护士应注重安全文化理念的传播。

知识链接

什么是护理安全文化理念

护理安全文化是评价护理质量，识别、预防差错事故的重要手段。护理安全文化理念是指护理群体对护理安全活动、安全行为、安全环境、安全事物、安全原则、安全现实条件的基本态度和观点的总和，是护理文化的精髓，是医护人员精神和素质等方面的综合表现，是医院安全管理的基础和发展之基。

美国围术期注册护士协会把护理安全文化定义为一个组织具有风险知识、安全第一的工作理念，把差错作为组织改进的机遇，建立差错报告系统及有效的改进机制，认为如果一个组织缺失护理安全文化，那么大部分患者的安全将得不到保障。因此，护理安全文化使护理人员的理念从“要我安全”转变为“我要安全”，从而使其在护理工作过程中对不安全的行为产生控制作用，以达到减少护理差错事故的目的。

本章主要讲述了护士角色的特征以及护士基本素质和护士行为规范要求；患者角色特征、常见的患者角色适应不良以及护士在帮助患者角色适应中应该注意的内容；护患关系的基本模式，护患关系的发展过程、影响护患关系的因素。护患关系是护理人际的核心，也是影响护理人际关系平衡的最重要因素。通过本章的学习，帮助学生掌握促进护患关系的方法，从而学会在工作中建立良好的护患关系。

A1 型题

1．以下哪一个不是护士的基本素质
A．思想品德素质
B．科学文化素质
C．心理素质
D．应变素质
E．专业素质

2．现代护士的专业角色中指出，护士的首要职责是
A．照顾者
B．计划者
C．管理者
D．咨询者
E．协调者

3．以下哪一条不是患者角色特征
A．社会角色职责的免除或部分免除
B．对其陷入疾病状态有责任
C．具有恢复健康的义务性
D．具有恢复健康的主动性
E．配合医护治疗疾病的协作性

4．下列患者适合使用主动－被动型护患关系模式的是
A．早产儿
B．产妇
C．流感患者
D．肾炎患者

E．贫血患者

5．护患关系开始建立的时间是

A．患者入院 24 小时内
B．护患双方自我介绍时
C．护患第一次见面时
D．双方知道彼此姓名后
E．评估患者收集资料时

6．护患关系工作期的主要任务是

A．建立信任感
B．发现护理问题
C．双方进一步熟悉
D．为患者解决问题
E．护患双方相互评价

7．建立良好护患关系的关键时期是

A．初始期
B．工作期
C．合作期
D．发展期
E．结束期

A2 型题

8．一位患有心肌梗死的患者住院治疗后已好转，但由于他年迈的母亲突然脑卒中，他毅然离开医院照顾母亲，此患者出现了患者角色适应的哪个问题

A．角色行为冲突
B．角色行为强化
C．角色行为消退
D．角色行为缺如
E．角色行为异常

9．李某，男，28 岁，被诊断为“膀胱癌”，需手术治疗，但患者认为医生诊断有误，不能接受手术治疗，其角色适应不良是

A．角色行为冲突
B．角色行为强化
C．角色行为消退
D．角色行为缺如
E．角色行为异常

10．刘阿姨，48 岁，钢琴老师，患有Ⅱ型糖尿病，在住院期间应采用哪种护患关系模式

A．主动 – 被动型
B．指导 – 合作型
C．部分补偿系统
D．支持 – 教育系统
E．共同参与型

A3 型题

（11 ～ 12 题共用题干）

张某，男，42 岁，神志清，车祸致右侧下肢开放性骨折，痛哭流涕，悲观，动手撕抓医生。

11．张某的行为属于患者角色适应不良的

A．角色行为冲突
B．角色行为强化
C．角色行为消退
D．角色行为缺如
E．角色行为异常

12．此时影响患者角色适应的因素是

A．疾病因素
B．医院环境
C．文化程度
D．人际关系
E．年龄特点

B 型题

（13 ～ 14 题共用备选答案）

A．主动 – 被动系统
B．指导 – 合作型
C．共同参与型
D．部分补偿系统
E．支持 – 教育系统

13．“告诉患者做什么”“护士教会患者做什么”这种特征的护患关系模式为

14．“和患者商量做什么”这种特征的护患关系模式为

（吕芳芳　徐　丽）

第四章　护理学的基本概念

学习目标

1．掌握健康、护理、整体护理的概念；护理、整体护理的内涵。
2．熟悉人的特点。
3．了解环境的概念和分类。
4．具有正确的专业思想，树立整体人、整体护理的观念。

导入情景

李某，高考后被某高校录取护理学专业学习，入校后接受了入学教育，对护理学专业有了初步的了解，但是对于护理学的研究领域、护理专业的概念、护理工作的范围等不是非常清楚。

工作任务：

1．认识护理学的基本概念。
2．明确护理的概念和内涵。

任何一门学科都是建立在一定的理论基础之上的，理论则是由相关的概念来表达的。人、环境、健康、护理构成了现代护理学的框架概念。对这四个概念的认识直接影响到护理学的研究领域、护理工作的范围和内容。

第一节　人

人（person）是护理服务的对象，也是护理学研究的对象，自然成为护理专业最为关注的因素。对人的认识是护理理论、护理实践的核心和基础，影响整个护理专业的发展。

一、人是一个统一整体

整体是指按照一定方式、目的有秩序排列的各个要素（个体）的有机集合体。整体的概念强调两点：一是整体的各要素之间相互作用、相互影响，任何一个要素发生变化，都将引发其他要素的相应变化。二是整体产生的行为结果大于各要素单独行为的简单相加，整体中各要素功能的正常发挥有助于其整体功能的正常发挥，从而全面提高整体的功效。

人是由生理、心理、社会、精神、文化等方面组成的统一整体，具有生物和社会的双重属性。这是因为人不仅是由器官、系统组成的受生物学规律控制的生物有机体，更是一个有思维、有情感、能从事创造性劳动、过着社会生活的社会人。人的生理、心理、社会等方面相互作用、相互影响，任何一方面的功能变化都可在一定程度上引起其他方面功能的变化，从而对整体造成影响；而人体各方面功能的正常运转，又能促进人体整体功能的最大发挥，使人获得最佳健康状态。

随着护理学科的发展，其专业的服务范畴与服务内容都在不断地深化和扩展，护理对象也从单纯的患者扩大到了健康的人。人是家庭的组成部分，家庭又是社会的组成部分。因此，护理中的人包括个人、家庭、社区和社会四个层面。护理的最终目标不仅是维持和促进个人健康的水平，更重要的是面向家庭、面向社区，最终提高整个人类社会的健康水平。

二、人是一个开放系统

系统分为闭合系统和开放系统。闭合系统是指不与周围环境相互作用的系统。开放系统是指不断与周围环境相互作用，进行物质、能量和信息交换的系统。人生活在复杂的自然和社会环境中，作为自然系统中的一个子系统，总是不断地与周围环境进行物质、能量和信息的交换，例如，人不断地从外界摄取食物、向外排泄废物；不断地从外界摄取信息，并向外界表达自己的观点、立场和态度。所以，人是一个开放系统。

人生命活动的基本目标是保持机体的内部各系统之间的平衡及机体与外环境之间的平衡。强调人是一个开放系统，提示在护理工作中，护理人员不仅要关心机体各系统或各器官功能的协调平衡，还要注意环境对机体的影响，这样才能使人的整体功能更好地发挥和运转。

三、人有基本需要

人的基本需要是指个体为了维持身心平衡并求得生存、成长与发展，在生理上和心理上最低限度的需求。人在不同的发展阶段有不同层次的基本需要，护理服务的对象涉及各年龄组的人。因此，护理人员必须对人生命周期全过程的成长与发展有所了解。美国著名心理学家马斯洛将人类的基本需要归纳为五个层次，即生理需要、安全需要、爱与归属的需要、尊重的需要、自我实现的需要（详见第五章）。为了生存、成长和发展，人的基本需要必须得到满足才能使机体处于相对平衡的健康状态。当基本需要得不到满足时，机体会因为内外环境的失衡而导致疾病的发生。护理的功能就是帮助护理对象满足其基本需要，以维持和促进其健康。

四、人有健康需求

人拥有健康的权利和责任。每个人都希望自己拥有健康的身体和健全的心理，而且会采取不同的方式满足对健康的追求，可利用自身的学习、思考、判断和调适能力，通过调节利用内外环境资源以适应环境变化；每个人也有责任维护和促进自身健康，患病后应主动寻求有关的健康信息，积极参与维护健康的过程。护理人员应该充分调动人的主观能动性，挖掘其潜能，预防疾病，促进自身健康。

第二节　环　境

人的一切活动都离不开环境（environment），环境与人之间相互作用。环境的质量与人类的健康息息相关，良好的环境能促进人的健康，不良的环境则给人的健康带来不利的影响。随着经济的发展和生活水平的提高，环境与人类健康的关系也越来越受到重视，护理人员有责任和义务运用所学的知识开展健康教育以保护和改善人类生活的环境，避免和消除不良的环境因素对健康的影响，提高人们健康水平。

一、环境的概念

环境通常指人类和动植物赖以生存和发展的空间及外部条件。WHO对环境的定义是“在特定时刻由物理、化学、生物及社会的各种因素构成的整体状态，可能对生命机体或人类的活动产生直接或间接的作用，其影响可能是现在的或远期的”。护理理论学家罗伊（Roy）把环境定义为“围绕和影响个人或集体行为与发展的所有因素的总和”。韩德森（Henderson）认为环境是“影响机体生命与发展的所有外在因素的总和”。

二、环境的分类

（一）内环境

内环境是影响生命和成长的机体内部因素，包括生理环境和心理环境。

1．生理环境 即人的生理状态，指人体内的各个系统如呼吸系统、循环系统、消化系统、神经系统、内分泌系统、泌尿系统、生殖系统、免疫系统等。各系统之间互相作用，并与外环境不断进行物质、能量、信息的交换，共同维持机体的协调平衡。

2．心理环境 即人的心理状态，如情绪、情感、思维和思想等。一方面，疾病会对人的心理活动产生影响；另一方面，一些心理因素也成为某些疾病的致病因素或促发因素。并且心理因素对疾病的进展、治疗效果、预后等也会产生不同程度的影响。

（二）外环境

外环境是影响机体生命和成长的全部外界因素的总和，由自然环境和社会环境组成。此外，与护理有关的还有治疗性环境。

1．自然环境 指存在于人类周围的所有因素的总和，是人类及其他一切生物赖以生存和发展的物质基础。包括空气、阳光、水、土壤，以及各种动物、植物、微生物等。

2．社会环境 是人类为提高物质和文化生活而创造的环境。包括政治制度、经济条件、文化教育、宗教信仰、风俗习惯等方面。

3．治疗性环境 是专业人员以治疗为目的创造的适合患者恢复身心健康的环境。治疗性环境主要考虑两个因素：舒适和安全。舒适来源于医疗场所的物理环境，如温度、湿度、光线、噪声等，也来源于医务人员的服务态度；关注患者的安全，要求医院在建筑设计、设施配置上符合有关标准，健全有关制度预防医院感染的发生，也要求医务人员在治疗护理过程中加强安全防护，预防意外事件的发生。

三、环境与健康的关系

人类的一切活动都离不开环境，人与环境相互作用，相互依存。人必须不断调整机体的内环境以适应外环境的变化，同时人又可以通过自身力量来改变环境以利于自身的生存和发展。环境质量的优劣与人的健康息息相关，良好的环境可以促进人的健康，而不良的环境则会给人的健康造成危害，如雾霾、噪声、沙尘暴等。其中，人为的生产活动造成的环境破坏对人类健康的威胁比自然环境因素更严重，这就要求人们在改造自然的同时，要提升环保意识，自觉地保护自己的生存环境，保持和环境之间的平衡，使环境朝着有利于人类健康的方向发展。

第三节　健　康

健康（health）是机体的一种安适状态，是人类共同追求的目标，预防疾病与促进健康是护理人员的天职，对健康和疾病的认识直接影响护理人员的行为方式、服务方式和服务范畴。

一、健康的概念

健康是一个复杂、多维、综合且不断变化的概念，受历史条件、文化背景、个体价值观、社会阶层、风俗习惯、科技发展等因素的影响。归纳起来，对健康概念的认识演变过程大致如下：

1．健康就是没有疾病　这是对健康最一般的认识。这种观点没有真正回答健康的实质，也没有说明健康的特征，把健康与疾病视为非此即彼的关系，而没有认识到健康与疾病之间存在着的普遍的过渡状态，也忽视了即使没有躯体疾病也并非健康的普遍现象，对于人们认识健康、研究健康、追求健康，都是没有实际意义的。

2．健康是人体正常的生理、心理活动　这种健康观增加了人的精神、心理层面，认为人的健康不仅包括躯体健康，也包括心理健康，进一步深化了对健康的认识。但是这种认识仍欠全面，没有把健康置于人类生活的广阔背景中，忽视了人的社会性。

3．WHO 对健康的定义　WHO 于 1948 年将健康定义为“健康不但是没有疾病和身体缺陷，还要有完整的生理、心理和良好的社会适应能力”。这个定义从生物－心理－社会的现代医学模式出发，既考虑了人的自然属性，又考虑了人的社会属性，把人看作生物的人、心理的人、社会的人，真正把人作为整体看待，为医学、护理学拓宽了工作领域。

1989 年，WHO 又提出新的健康概念，即“健康不仅是没有疾病，而且还包括躯体健康、心理健康、社会适应良好和道德健康”。这一定义把对健康内涵的认识扩展到了一个新的境界，对健康认识的深化起到了积极指导的作用。

4．整体观的健康概念　整体的健康观认为健康不仅是没有疾病或感到不适，而是一个人努力适应外界环境变化以保证个体生理、心理、社会及精神处于平衡状态的动态过程。是从生理、心理、社会、精神及人与环境的作用等方面来评价健康，并从动态的角度认识健康。

知识链接

世界卫生组织（WHO）提出衡量健康的 10 项标准

1．精力充沛，能从容不迫地应对日常生活和工作压力而不感到过分紧张。
2．处事乐观，态度积极，乐于承担责任，不挑剔。
3．善于休息，睡眠良好。
4．身体应变能力强，能适应外界环境的各种变化。
5．能够抵抗一般性感冒和传染病。
6．体重适当，身材均匀，身体比例协调。
7．眼睛明亮，反应敏锐。
8．牙齿清洁，无龋齿，齿龈颜色正常，无出血现象。
9．头发有光泽，无头屑。
10．骨骼健康，皮肤、肌肉富有弹性，走路轻松有力。

二、健康与疾病的关系

1．健康与疾病是一个连续、动态的过程 健康与疾病是一个连续的过程，如果把人的健康与疾病看作一根轴（图 4-1），轴上的任何一点都是个体生理、心理、社会等诸多方面的综合表现，轴的一端是最佳的健康，另一端是死亡，即健康疾病连续相。任何人在任何时候，其健康状况都可在这条轴两端之间的某一点找到一个位置。健康与疾病不是绝对静止的，而是时刻都在动态变化中，在一定条件可以相互转化。人若能成功保持内外环境的和谐稳定，人处于健康完好状态；当人的这种和谐稳定状态遭到破坏，则会产生疾病甚至死亡。护理人员有责任促进人类健康向完好状态发展。

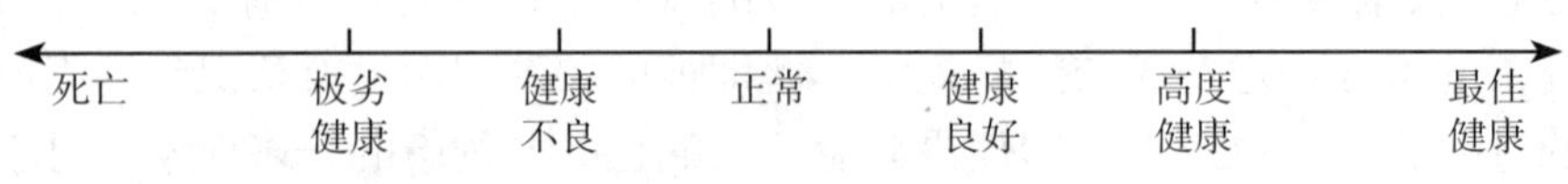

图 4-1 健康疾病连续相

2．健康与疾病之间没有明确的分界线 健康和疾病是相对的，没有明确的分界线，人的健康总是相对的，没有完全绝对的健康，健康与疾病之间很难找到明显的界限，存在过渡形式。

三、影响健康的因素

人们在环境中生活，健康会受到诸多因素的影响。为了有效地维护和促进人类的健康，护理人员应该正确认识影响健康的各种因素，帮助人们建立现代健康观，采取健康的生活方式和科学的促进健康的行为。归纳起来，影响健康的因素主要有以下三个方面：生物因素、心理因素和环境因素。

1．生物因素 生物因素是影响人类健康的主要因素，主要包括两大类，一类是生物致病性因素，如各种病原微生物可引起传染病、寄生虫病和感染性疾病，虽然现代医学找到了某些控制生物性疾病的方法，但是病原微生物的危害依然存在；另一类是遗传因素，如生物遗传因素可导致人体发育畸形、内分泌失调、代谢障碍和免疫功能异常等，目前主要在提倡科学婚配、优生优育等方面加以控制，以减少遗传病的发生。

2．心理因素 心理因素主要通过情绪、情感的变化而影响人的健康。积极良好的情绪有助于保持心态的平衡，提高机体免疫力，有效地促进健康、延缓衰老；消极不良的情绪情感长期作用会导致内分泌失调，免疫功能下降，导致疾病的发生或增加疾病的发病概率。因此，护理人员应鼓励护理对象保持良好的心态，采取积极的应对方式，以维护和促进自身的健康。

3．环境因素 人类在不断变化的环境中生存和发展，环境因素对人的健康影响非常大，除一些遗传性疾病外，大多疾病或人类的健康问题都与环境有关。影响健康的环境因素包括自然环境和社会环境。自然环境中有人类赖以生存的物质条件，也存在着许多危害健康的因素，如空气污染、水污染、土壤污染、辐射、噪声等。社会环境如社会经济制度、社会文化因素、生活方式等同样会直接或间接地影响人的健康，与人的健康密切相关。良好的社会环境可以促进人的健康，而不良的社会环境则可导致人患病。

第四节 护 理

护理人员需要对护理（nursing）有深刻的认识，才能不断塑造自己的专业特征，培养自己的专业素质，在健康照顾体系中发挥好自己的角色功能。

一、护理的概念

（一）概念

在全球范围内，对护理的概念目前尚没有公认的标准定义。但是随着护理学的不断发展及完善，护理学的概念将会得到进一步的发展及扩展。

1．南丁格尔定义　1859年南丁格尔提出“护理的独特功能在于协助患者置身于自然而良好的环境下，恢复身心健康”。1885年，她又指出“护理的主要功能在于维护人们良好的状态，协助他们免于疾病，达到他们最高可能的健康水平”。

2．韩德森（Virginia Henderson）定义　护理是帮助健康人或患者进行保持健康、恢复健康或安宁地死亡的活动。

知识拓展：
护理专业学术团体

3．国际护士协会（International Council of Nurses，ICN）定义　护理是帮助健康的人或患病的人保持或恢复健康，预防疾病或平静死亡。

4．美国护理协会（American Nurses Association，ANA）定义　1980年，ANA将护理定义为：护理是诊断和处理人类对现存的或潜在的健康问题的反应。2003年，ANA将护理定义更新为：护理是通过诊断和处理人类的反应来保护、促进、优化健康的能力，预防疾病和损伤，减轻痛苦，并为受照护的个体、家庭、社区及特定人群代言。

（二）护理概念的内容

1．护理是一门科学，也是一门艺术　护理是自然科学和社会科学相结合的人文学科，是在科学指导下进行的活动，护理工作必须遵循科学规律。同时护理又是充满创造性的艺术。由于护理对象千差万别，其健康问题、需要等各不相同，因此要求护理人员必须尊重患者的独特性，灵活地应用科学知识，因人而异地分析和解决问题，满足患者的需要。

2．护理是助人的活动　护理是助人的活动，不仅体现在对护理概念的描述上，也体现在护理学的任务上，护士的唯一任务是帮助患者恢复健康，帮助健康人提高健康水平。

3．护理是整体的　护理的整体性，强调护理服务的对象是整体的人，重视生理、心理、社会、精神和文化的统一，以及人与环境的互动关系。护理的整体性还体现在护理工作范围的整体性，护理服务的对象从患者扩展到了所有的人类，护理工作的范围也从个体扩展到了家庭、社区乃至整个社会。

4．护理是一个过程　这个过程由一系列的步骤组成，称为护理程序，包括：评估、诊断、计划、实施、评价。通过这些步骤，护理人员可以有针对性地收集患者资料，分析患者问题，提出解决方案并付诸实践，从而解决患者的健康问题。

二、护理的内涵

1．照顾　照顾是护理的核心和永恒的主题。护理是一个照顾的专业，无论在什么年代，无论以怎样的方式，照顾始终是护理的本质。

2．人道　在护理工作中提倡人道，首先要求护理人员视每一位护理对象为具有人性特征的个体和具有各种需求的人，从而尊重个体，注重人性。提倡人道也要求护理人员对待护理对象一视同仁，不论贫富与种族，不分高低贵贱，积极救死扶伤，为人们的健康服务。

3．帮助　护理人员与护理对象之间是一种帮助与被帮助、服务与被服务的关系，这就要求护理人员利用自己特有的专业知识与技能提供帮助与服务，满足患者的需要，与护理对象建立良好的帮助性关系。

三、整体护理

（一）整体护理的概念

整体护理（holistic nursing）是以现代护理观为指导，以护理对象为中心，以护理程序为框架，并且把护理程序系统化地运用到临床护理和护理管理中去的指导思想，目标是根据患者的生理、心理、社会、精神、文化等多方面的需要，提供适合患者的最佳护理。

（二）整体护理的内涵

1．护理对象的整体性 护理服务对象时，应将其视为生理、心理、社会、精神及文化等多要素构成的整体，应关注人的生理、心理和社会等多方面的需要。

2．生命过程的整体性 护理应服务于人类生命的全过程，针对个体所处的不同生命阶段，给予相应的照顾和健康指导。

3．工作范围的整体性 护理服务的对象从患者扩展到了所有的人类，护理工作的范围也从个体扩展到了家庭、社区乃至整个社会。

（三）整体护理的实践特征

1．以现代护理观为指导 护理是以人的健康为中心，护理对象不仅是患者，也包括健康人；护理工作场所不仅仅在医院，而是扩展到了家庭、社区乃至整个社会。

2．以护理程序为框架 整体护理以护理程序为基本框架，把护理程序系统化地运用到临床护理和护理管理中，保证了最佳的护理效果。

3．实施主动的计划性护理 在以人的健康为中心的整体护理实践中，对护理对象实施全面照顾，护理人员不仅仅是医生的助手，而是与医生相互合作、相互补充，充分显示了护理专业的独立性。

4．重视护患合作 整体护理强调通过健康教育，提高患者及家属的自理能力，调动患者的积极性，加强了护患工作的配合。

人是护理服务的对象，也是护理学研究的对象，是护理专业中最为关注的因素。人是一个统一整体，具有生物和社会的双重属性，护理中的人包括个人、家庭、社区和社会四个层面；人还是一个开放系统，总是不断地与周围环境进行物质、能量和信息的交换；人有基本需要，有健康需求，也有健康的权利和责任。

环境分为内环境和外环境，内环境包括生理环境和心理环境；外环境由自然环境和社会环境组成，与护理有关的还有治疗性环境。人类的一切活动都离不开环境，人与环境相互作用，相互依存。

健康是一个复杂、多维、综合且不断变化的概念。健康与疾病是一个连续、动态的过程，两者之间没有明确的界限，影响健康的因素主要有生物因素、心理因素和环境因素。

护理的基本内涵包括照顾、人道和帮助。整体护理是一种把护理程序系统化地运用到临床护理和护理管理中去的指导思想，包括护理对象的整体性、生命过程的整体性和工作范围的整体性。

测 试 题

A1 型题

1．护理学基本概念中最核心的是
A．人
B．环境
C．健康
D．护理
E．疾病

2．以下关于人的描述错误的是
A．人是一个整体
B．人是一个开放系统
C．人在不同的发展阶段基本需要基本不变
D．人拥有健康的权利
E．人有健康的责任

3．人的基本需要有
A．生理的需要
B．安全的需要
C．尊重的需要
D．爱与归属的需要
E．以上都是

4．影响健康的社会环境不包括
A．社会经济条件
B．文化教育
C．政治制度
D．风俗习惯
E．心理因素

5．护理学四个基本概念中的“环境”是指
A．内环境
B．外环境
C．内环境和外环境
D．自然环境
E．社会环境

6．对健康的描述不正确的是
A．健康受多方面因素的影响
B．健康与疾病是一个连续的过程
C．健康与疾病是一个动态的过程
D．健康与疾病之间没有明确的界限
E．健康就是没有疾病

7．以下关于护理的描述错误的是
A．护理是助人的活动
B．护理是一门科学，也是一门艺术
C．护理服务对象是整体的人
D．护理工作的场所不仅在医院，也包括家庭、社区乃至整个社会
E．护理的本质是人道

8．关于整体护理的看法错误的是
A．以现代护理观为指导
B．以护理程序为基本框架
C．实施主动的计划性护理
D．重视护患合作
E．护理的对象是患病的个体

A3/A4 型题

（9~10 题共用题干）

患儿，女，3 岁。2 天前无明显诱因出现手足皮肤疱疹，发热，来我院就诊，以“手足口病”收住入院。查体：T 37.9 ℃，P 112 次 / 分，R 24 次 / 分；体重 13 kg，发育正常，营养中等；神志清醒。

9．患者目前所处的环境属于
A．自然环境
B．内环境
C．心理环境
D．治疗性环境
E．生理环境

10．影响患者健康的主要因素是
A．生物致病性因素
B．遗传因素
C．心理因素
D．自然环境
E．社会环境

（冷成香　李　艳）

第五章　护理支持性理论

学习目标

1．掌握系统、需要、压力、适应、成长、发展的概念；马斯洛需要层次理论内容；护理支持性理论在护理中的应用。

2．熟悉系统的分类；系统的基本属性；成长发展的规律和影响因素。

3．了解护理相关理论的历史发展过程。

4．具有整体护理观念和将护理支持性理论应用到护理实践中的意识。

导入情景

王女士，30岁，未婚，舞蹈演员，近期查出乳腺癌早期，准备两天后行右侧乳腺癌根治术，入院以来，每日闷闷不乐，少言寡语，经常对亲人哭诉："我今后还怎么从事热爱的舞蹈事业？日后怎么结婚生孩子？而且手术后还可能复发，我活着还有什么意义？"为此整天茶不思、饭不想，睡眠质量差，常被噩梦惊醒。

工作任务：

1．换位思考，理解王女士目前的压力源。

2．帮助王女士正确认识疾病，重建生活信心。

20世纪40年代，社会科学中许多有影响的学说和理论相继被提出和确立，为护理学的发展奠定了基础。这些基本理论包括一般系统论、人类基本需要层次论、压力与适应理论、成长与发展理论等，并对护理学的发展产生了深远的影响。

第一节　一般系统理论

一、概述

（一）系统的概念

系统（system）是由若干相互联系、相互作用的要素所组成的具有特定结构及功能的有机整体。

这个定义包含了两个方面：一是指系统是由一些要素所组成，这些要素间相互联系、相互作用；二是指系统中的每一个要素都有自己独特的结构和功能，这些要素集合起来构成一个整体系统后，又具有各孤立要素所不具备的整体功能。

（二）系统理论的发展

人类对系统的认识经历了漫长的岁月，系统思想早在古代就已有萌芽。但系统一词作为一种科学术语和理论使用，则源于美籍奥地利理论生物学家路德维希·冯·贝塔朗菲（Ludwig von Bertalanffy)。1932年他提出“开放系统理论”，提出了系统的思想。1968年他发表了专著《一般系统论—基础、发展和应用》，使系统理论得到了广泛的发展与应用，其理论与方法已经渗透到自然和社会科学等领域，发挥着深远的作用。

知识链接

贝塔朗菲简介

路德维希·冯·贝塔朗菲（Ludwig von Bertalanffy），1901年9月19日生于奥地利阿茨格斯多夫，一般系统论创始人，也是20世纪杰出的思想家之一。1937年起，先后在美国芝加哥大学、加拿大渥太华大学、阿尔贝塔大学等处任教。1968年他发表了专著《一般系统论—基础、发展和应用》该著作被大家公认为是一般系统论的经典著作。他从生物学领域出发，涉猎心理学、医学、行为科学、历史学、哲学等诸多学科。他将生物系统中的相互作用的规律性概括为一般系统的规律性，具有重大的方法论意义。1972年，法国科学家委员会提名他为诺贝尔奖候选人，但是在诺贝尔奖评选委员会讨论这个提名之前，贝塔朗菲不幸辞世。

二、一般系统理论的内容

（一）系统的分类

无论是自然界还是人类社会，都存在着各种各样的系统，人们可以从不同角度对它们进行分类，常见的分类方法有以下几种：

1．按人类对系统是否施加影响分类

（1）自然系统：指自然形成、客观存在的系统，如人体系统、生态系统等，该系统不具有目的性。

（2）人为系统：指为某特定目标而人为建立的系统，如护理质量管理系统、机械系统、计算机软件系统、教育质量评价系统等。

（3）复合系统：即自然系统和人为系统的综合。现实生活中，大多数系统为复合系统，如医疗系统、教育系统等。

2．按组成系统的内容和要素性质分类

（1）实体系统：指以物质实体构成的系统，如机械系统。

（2）概念系统：指由非物质实体构成的系统，如信息系统。

通常情况下，实体系统和概念系统相互联系、密不可分，并以整合的形式出现，即实体系统是概念系统的基础，概念系统为实体系统提供指导服务。

3．按系统的运动状态分类

（1）动态系统：指系统的状态随时间的变化而变化，如人体系统、生态系统等。

（2）静态系统：指具有相对稳定性的系统，系统状态不随时间的变化而改变，如建筑系统。静态系统是相对稳定的系统，绝对稳定的静态系统是不存在的。

4．按系统与环境的关系分类

（1）闭合系统：指不与外界环境进行物质、能量和信息交换的系统。无论外部环境怎么变化，封闭系统都表现出内部稳定的特征。绝对的闭合系统是不存在的，只有相对的、暂时的闭合系统。

（2）开放系统：指不断与外界环境进行物质、能量和信息交换的系统，如人体系统、护

理系统等，大部分系统都是开放系统。开放系统通过输入、处理与转换、输出和反馈的方式来实现与外界环境的联系（图 5-1）。

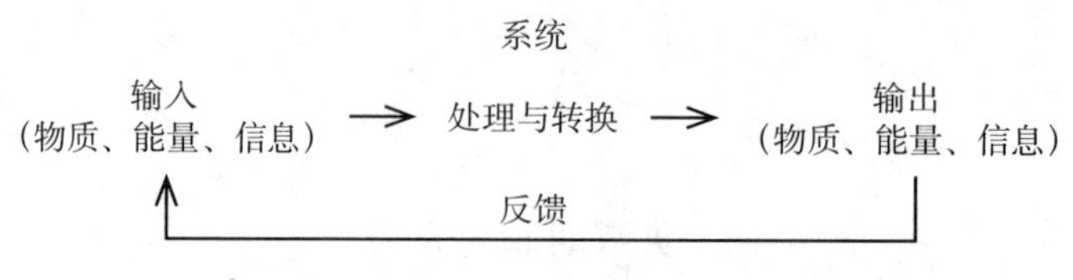

图 5-1　系统一般功能示意图

（1）输入：物质、能量、信息由环境进入系统的过程。

（2）处理与转换：系统对输入的物质、能量、信息进行处理和转换的过程。

（3）输出：系统转换后的新结果由系统进入环境的过程。

（4）反馈：系统的输出结果反过来再进入系统并影响系统功能，即环境对输出的反应。

（二）系统的基本属性

1．整体性　整体性指虽然系统各要素都有自己独特的结构和功能，但系统整体功能不是各要素功能的简单相加。系统的整体功能大于系统各要素功能之和。因为系统将其要素以一定方式构成一个整体后，各要素之间充分协调和联系，并优化支配，要素、整体和环境间相互作用，就产生了孤立要素所不具备的独特功能。

2．相关性　相关性指系统各要素之间是相互联系、相互制约并相互影响的，其中任何一个要素发生了变化，都会引起其他各要素乃至整体系统功能的变化。各要素与整体系统之间也是相互联系和影响的。

3．层次性　系统都是有层次的。对于一个系统来说，它既是由一些子系统（要素）组成，同时，它自身又是组成更大系统（超系统）的子系统。例如人是家庭的子系统，而家庭又是社区这个超系统的子系统。因此，一个系统是子系统还是超系统是相对而言的（图 5-2）。

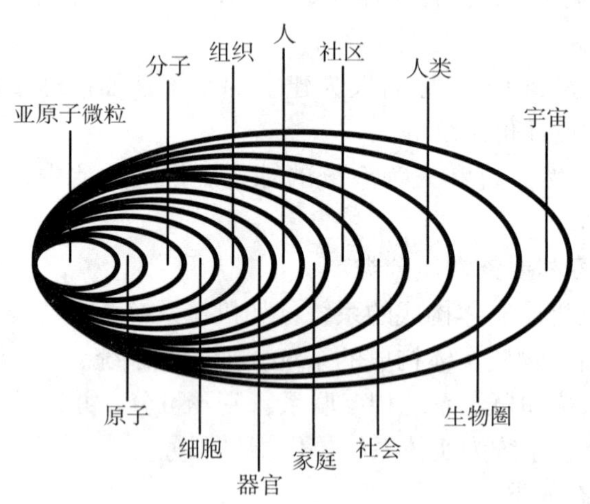

图 5-2　一般系统论示意图

4．目的性　每一个系统的存在都有其特定的目的。系统的结构是按照系统的目的和功能需要设立的。如医院系统的目的是治疗疾病、救死扶伤。

5．动态性　动态性指系统随时间的变化而变化。系统为了生存和发展，对内不断调整自己的内部结构以达到最佳功能状态，对外不断与环境进行物质、能量和信息的交换以适应环境。

三、一般系统理论在护理中的应用

（一）系统理论促进了整体护理思想的产生

护理的服务对象是人，人的生理、心理、社会等要素相互依存、相互作用，另一方面人又不断地与周围环境进行着物质、能量、信息的交换。当机体的某一器官或组织发生病变时，不能仅提供疾病护理，还应提供心理、社会、文化等各方面的整体性护理。因此，一般系统理论促进了整体护理思想的形成和发展。

（二）系统理论组成了护理程序的基本框架

护理程序是临床护理中一种科学的工作方法和完整的工作过程，包括评估、诊断、计划、实施和评价五个步骤。一般系统论是护理程序发展的一个重要的支持理论。根据系统的分类，护理程序可以看成是一个开放系统，也是一个输入、处理与转换、输出、反馈的过程。在这个系统中，通过评估、收集患者的基本健康资料，输入患者原来的健康状况，经过系统处理与转换，找出护理诊断，制订护理计划，实施护理措施，输出的是经过护理后的护理对象的健康状况。经过评价，反馈结果，对比预期目标，如果达到预期目标，护理程序停止；如果未达到目标，则需要经过重新评估，修改计划并实施，直到达到目标后护理程序停止。所以系统理论也构成了护理程序的基本框架。

（三）系统理论是护理理论或模式发展的依据

一般系统理论为许多护理理论家所借用，作为发展护理理论或模式的依据，如纽曼的健康系统模式、罗伊的适应模式等。这些理论或模式为护理实践提供了科学的理论指导。

（四）系统理论为护理管理者提供了理论支持

一般系统理论同样被用于护理管理。根据一般系统理论，医院护理系统可视为医院整体系统的一个子系统，护理子系统的功能将有助于医院整体功能的实现，而医院作为整体系统其一切活动都将影响护理子系统的运转。同时，护理系统自身又包括临床护理、护理管理、护理教育、护理科研等一系列相互关联、相互作用的子系统，护理系统要发展，其内部诸要素之间必须相互协调。

第二节　需要理论

需要与人的基本活动密切相关，每个人的活动都直接或间接、自觉或不自觉地为了满足某种需要。护理的过程应是满足人的健康需要的过程。

一、概述

（一）需要的概念

需要（need）是人脑对生理和社会要求的反应，是一个人最基本的动力所在。人的各种活动和行为都是在需要的推动下进行的，如生理上有对食物、水、氧气、休息等需要；心理上有对情感、交往、自尊等需要。

（二）需要的特征

1．需要的对象性　人的任何需要都是指向一定对象的。这种对象可以是物质的，如空气、食物、水、住所等；也可以是精神的，如自尊、审美、信仰、追求等。

2．需要的发展性　个体在不同的发展阶段有不同的优势需要。例如，婴儿期的优势需要是生理需要，而老年人的优势需要是尊重的需要。

3．需要的无限性 需要不会因暂时的满足而终止。当这些需要满足后，又会产生新的需要，即推动人们从事新的活动来满足新需要。

4．需要的独特性 不同个体的需要不尽相同，这就形成需要的独特性。需要受遗传因素、环境因素、文化因素及理想信念等因素的影响。护士应细致地观察患者独特的需要，及时协助其满足需要。

5．需要的历史制约性 人需要的产生与满足受到环境与社会发展水平的制约。个体应根据主、客观条件，有意识地调节自己的需要，用合理的方式满足需要。

二、需要理论的内容

自20世纪50年代以后，许多哲学家、心理学家、护理学家从不同角度对人的基本需要进行了研究和探讨，形成了不同的理论。其中影响力最大，应用最广泛的是马斯洛的人类基本需要层次理论。

知识链接

马斯洛简介

马斯洛（Abraham H.Maslow 1908-1970），美国著名哲学家、社会心理学家、人格理论家和比较心理学家，人本主义心理学的主要发起者和理论家。1908年出生于纽约市布鲁克林区一个犹太家庭。1926年进入康奈尔大学，三年后转入威斯康星大学攻读心理学，1934年获心理学哲学博士学位。他在1943年发表的《人类动机理论》一文和1954年发表的《动机与人格》一书，提出人的需要有不同层次，论述了不同层次之间的关系，从而形成了人类基本需要层次理论。马斯洛的晚年又把人的需要概括为基本需要、心理需要、自我实现的需要三个大层次。

（一）人的基本需要层次

马斯洛认为，人类的需要分为基本需要和特殊需要。基本需要是全人类共有的，是个体为了维持身心平衡并求得生存与发展，在生理上和心理上最低限度的需要。人的基本需要有不同层次，按其发生的先后顺序及重要性，由低到高分为五个层次，并按“金字塔”形状加以描述（图5-3）。

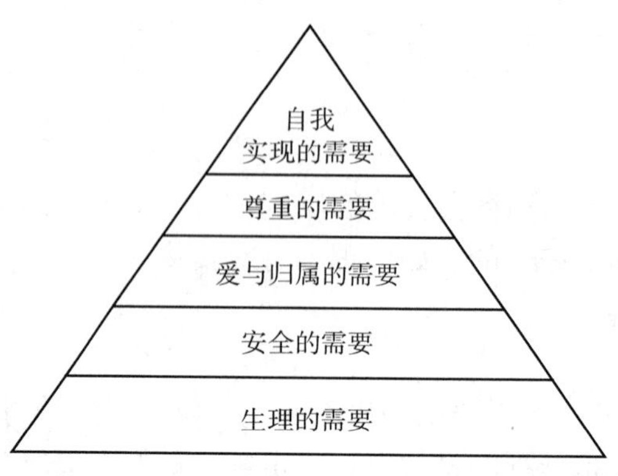

图5-3 马斯洛人类基本需要层次理论示意图

1．生理的需要 是人类最基本的需要，处于“金字塔”的底层。包括食物、空气、水、适宜的温度、清洁、休息、睡眠、排泄等，是人类最基本、最低层次的需要，是其他需要产生的基础。如果这些需要得不到满足，人类会无法生存。

2．安全的需要　指安全感、避免危险、生活稳定有保障。安全的需要普遍存在于各年龄阶段，婴儿期与危重患者更为明显。

3．爱与归属的需要　指个体对家庭、朋友的需要，对得到组织、单位认同的需要，希望得到他人的爱和给予他人爱的需要。人人都需要得到关心和照顾，归属于某一群体并获取合适位置。

4．尊重的需要　指个体对自己的尊严和价值的追求，包括自尊、被尊重和尊重他人。每个人都希望自己拥有稳定的社会地位，希望自己的能力得到社会的认可。

5．自我实现的需要　这是最高层次的需要，是指一个人需要充分发挥自己的才能和潜力，实现自己在工作、学习、生活上的愿望、理想和抱负，并能从中得到满足，逐渐成为自己所期望的人。

（二）需要层次之间的关系

马斯洛认为人类基本需要虽然有层次高低之分，但各层次需要之间彼此关联，概括为以下几点：

1．需要的满足是由低到高有层次性的　低层次的需要优先满足，一般情况下，生理需要是最低层次的，也是人类生存最基本的需要，需首先得到满足。

2．各种需要得到满足的时间不同　维持生存的低层次需要必须立即满足并得到持续，如对空气的需要；越高层次的需要可以延后满足，如尊重的需要、理想的实现等。但这些需要最终要得到满足的。

3．低层次需要的满足是高层次需要产生的基础　通常较低层次的需要得到基本满足后，更高一层的需要才会出现，并逐渐明显和强烈。

4．各层次需要重叠出现　随着低层次需要不断满足或基本满足，较高层次的需要就会逐渐出现；而高层次的需要发展后，低层次的需要也并未消失，表现为需要之间的重叠。

5．各需要层次之间的顺序并非固定不变　不同的个体在不同的条件下各需要层次顺序会有所不同，最强烈的需要应优先得到满足。

6．越高层次的需要，其满足的方式和程度差异越大　人们对空气、水、食物和睡眠等生理需要的满足方式基本相同，但对尊重、自我实现等较高层次需要的满足却因社会文化背景、教育水平、经济水平等不同会有较大差异。

7．需要满足程度与健康密切相关　需要的满足有助于健康发展。生理需要的满足是个体生存和健康的必要条件，有些高层次的需要能促进生理功能更加旺盛，如果得不到满足，会引起焦虑、抑郁等负面情绪，导致身心疾病。

8．人的行为是由优势需要决定的　同一时期内，个体可以存在多种需要，但只有一种需要占主导地位即优势需要，这一时期个体的行为都是为了满足该优势需要。

三、需要理论在护理中的应用

需要层次理论对护理工作有着重要的指导意义，他能指导护士充分认识患者的各类需要，明确目前尚未满足的需要，预测可能出现的需要，从而提供有效的护理措施，满足患者需要，促进、恢复或维持患者的健康。

（一）人类基本需要理论对护理实践的意义

1．帮助护士识别患者未被满足的需要　护士应按照人类基本需要层次的不同，从整体的角度系统地收集资料，评估患者尚未满足的需要，发现护理问题立即帮助解决。

2．帮助护士判断患者的优势需要　需要层次是按照对人生存和发展的重要程度排列的，护士可以据此识别问题的轻、重、缓、急，以便在制订护理计划时准确排列护理诊断的先后顺序。

3．指导护士满足护理对象需要的方式

（1）直接帮助：对于完全无法自己满足需要的患者，护士提供直接帮助满足其需要。如昏迷、意识不清者。

（2）间接帮助：对于只能部分自行满足基本需要的患者，护士应鼓励患者自己完成力所能及的活动，帮助患者发挥最大的潜能，促进早日康复。

（3）教育支持：对于基本需要能够自行满足，但缺乏健康常识的患者，护士可通过卫生宣教、科普讲座、健康咨询等多种形式，为护理对象提供卫生保健知识，避免健康问题的发生和发展，预防潜在健康问题的发生。如对产妇进行母乳喂养及科学育儿的指导等。

（二）帮助患者满足需要

当患者患病时有许多基本需要不能自行满足，必须依靠护士来协助。因此，护士应具备全面评估患者需要的能力，明确患者尚未满足的需要，并根据其优先次序制订和实施相应的护理措施，以帮助患者满足需要。

1．生理的需要　疾病常常导致患者各种生理需要无法得到满足。

（1）氧气：氧气是最先应被满足的生理需要，必须立即优先满足，否则会危及生命。常见于呼吸道阻塞等引起的缺氧及呼吸困难等。护士应针对患者缺氧原因，立即采取措施，满足患者对氧气的需要。

（2）水：常见的问题有脱水、水肿、电解质紊乱、酸碱平衡失调等。护士应全面评估患者的症状及原因，及时采取措施，满足患者对水的需要。

（3）营养：常见的问题有消瘦、肥胖、营养素缺乏等。护士应对患者的营养状况进行评估，确定引起患者营养不良或肥胖的原因，积极采取措施，帮助患者满足营养的需要。

（4）体温：机体的温度过高过低、环境的温度过高过低都会给患者造成一系列身体上和精神上的不适。因此，护士应注意评估患者体温的变化，并提供温度适宜的环境。

（5）排泄：常见问题有便秘、腹泻、大小便失禁、多尿、少尿或无尿等。护士应及时发现问题，满足患者对排泄方面的需要。

（6）休息和睡眠：常见的问题有疲劳、各种睡眠型态紊乱等。护士应运用专业知识，满足患者睡眠的需要。

（7）避免疼痛：护士应及时正确的评估患者疼痛的情况，针对原因采取积极的预防和处理措施，满足患者避免疼痛的需要。

2．安全的需要　人在患病时安全感会降低，特别是对医院环境不熟悉，担心治疗效果和医疗护理技术水平，担心住院费用过高等。护士应采取各种措施帮助患者提高安全感，增加患者战胜疾病的信心。

4．爱与归属的需要　人在患病时无助感增强，希望得到亲人、朋友的关心和支持。所以，应建立良好的护患关系，允许家属探视，帮助患者之间建立友谊等。

5．尊重的需要　每个人都希望自己的能力和成就得到社会的认同。尊重的需要主要包括自尊、受人尊重和尊重他人三层含义。护士在与患者的交往中认真听取患者的意见，尊重患者的个人习惯、价值观、信仰等。在进行护理技术操作时，应尽量减少对患者的暴露，保护患者的隐私，维护患者的自尊。

6．自我实现的需要　是个体最高层次的需要。护士应鼓励患者表达自己的个性和追求，帮助患者认识自己的能力，鼓励患者积极配合治疗和护理。

在护理实践中，护士应把护理对象看作一个整体，在满足低层次需要的同时应考虑更高层次的需要，不能把各层次的需要割裂开。同一个人在不同的生命阶段对需要的满足也有所不同，因而护士应把满足个体独特的需要作为护理的重点。

第三节　压力与适应理论

人在生活中要承受各种各样的压力，为了生存要采取不同方式适应压力。压力可以使人产生一系列生理或心理上的反应，导致人体内环境失衡从而引发疾病。通过学习压力与适应理论，可以帮助护理人员全面评估自身与服务对象的压力，并能选择恰当的方法适应压力，减轻压力对人体的影响，促进身心健康。

一、概述

（一）压力

压力（stress）又称“应激”，在不同学科中有不同的解释。“压力之父”汉斯·塞里（Hans Selye）认为，压力是环境中的刺激所引起人体的一种非特异性反应。心理学家拉扎勒斯（Lazarus）认为，压力是一种特殊的情绪，是人与环境相互作用的结果。目前普遍认为，压力是个体对作用于自身的内外环境刺激做出认知评价后，引起的一系列生理及心理紧张性反应状态的过程。

（二）压力源

压力源（stressor）指任何能使人体产生压力反应的内外环境的刺激。

压力源存在于生活的各个方面，既可来自个体内部，也可来自个体外部；既可以是躯体的，也可以是心理、社会的。常见的压力源有以下几类：

1．物理性压力源　如低温、高温、声、光、电等。

2．化学性压力源　如药品毒副作用、酸、碱、水污染等。

3．生物性压力源　如各种细菌、病毒、寄生虫等。

4．生理性压力源　如月经期、妊娠期、饥渴、疲劳、疼痛等。

5．心理社会性的压力源　人际关系紧张、丧失亲人、竞赛、考试、工作表现欠佳等。

（三）压力反应

压力反应（stress response）是指个体对所受压力产生的反应。一般分为两类：

1．生理反应　表现为血压升高、心率与呼吸加快、血糖增加、敏感性增强、胃肠蠕动减慢、肌张力增加、免疫力降低等。

2．心理反应　表现为恐惧、焦虑、愤怒、否认、自卑、抑郁、怀疑等。

二、压力与适应理论的内容

（一）压力的防卫

人类先天具有对压力的防卫能力，也可通过学习一些应对技能，来主动处理压力。人们常采用的防卫机制有以下几个方面：

1．对抗压力源的第一线防卫——生理与心理防卫

（1）生理防卫：包括遗传因素、身体的营养状态、免疫功能等。如良好的营养状况可加快伤口的愈合；健全的免疫系统可以抵御病毒和细菌的侵袭。

（2）心理防卫：指心理上对压力做出适当反应的过程。它与个体的性格特征、既往经验、生活方式、教育程度、经济状况、出现焦虑的倾向等有关。人们常在潜意识的状态下运用一种或多种心理防卫机制，以解除情绪冲突、避免焦虑和解决问题。

2．对抗压力源的第二线防卫——自力救助

当一个人面对的压力源较强，而第一线防卫相对较弱时，便会出现一些身心压力反应，若反应严重，就必须采用自力救助的方法来控制，以减少疾病的发生。自力救助包括：

（1）正确对待问题：首先进行自我评估，识别压力源，然后采取相应减轻压力的措施。不要否认问题的存在，任其滋长。如果不能改变压力源，至少可以改变自己的感受和反应。

（2）正确对待情感：当人们遭受压力时，常出现焦虑、沮丧、生气等情绪。我们首先确定和承认正在经历的情感，再进行合理的分析、排解，采用恰当方法处理好自己的情绪，如与好朋友交谈、听音乐或做自己喜欢的事情等。

（3）利用可能得到的支持：当一个人经受压力时，社会支持和家庭的温暖可以有效缓解压力的不良影响。

（4）减少压力的生理影响：良好的身体状况是个体抵抗压力源侵犯、减少不良反应的基础。因此，应提高人们的保健意识，以加强第一线防卫。

3．对抗压力源的第三线防卫——专业辅助

当个体遭遇强烈的压力源而自身无法应对时，就会启动第三线防卫。如罹患身心疾病时，就必须寻求医护人员的帮助，由医护人员提供相应的治疗和护理，并提供必要的健康咨询和教育，以利于身心康复。若个体得不到及时、有效的专业帮助，则会使病情加重或演变成慢性疾病，如高血压、胃溃疡、抑郁症等。而这些疾病又可以成为新的压力源，加重患者的负担，并进一步影响其身心健康。

（二）压力的适应

适应（adaptation）是指生物体促使自己更能适合生存的一个过程。适应是个体维持内外环境平衡和对抗压力源的基础。个体在遇到压力源时，都会尽力去适应，如适应成功，身心可保持或恢复平衡；如适应不良，就会生病。

1．生理适应　包括代偿性适应和感觉适应。

（1）代偿性适应：指当外界对人体的需求增加或改变时，人体所做出的反应。如长期生活在平原地区的人来到高原地区会出现高原反应，过一段时间后此反应会因机体的适应减轻或消失。

（2）感觉适应：指个体对某固定强度的连续刺激所产生的感觉强度的减弱。如持续嗅闻某种气味，感觉强度会逐渐降低，久而感觉不到。

2．心理适应　指人们在感到有压力时，调整自己的态度去认识和处理问题，摆脱或消除压力，恢复心理平衡的过程。

3．社会文化适应　包括社会适应和文化适应。

（1）社会适应：指调整个体的行为以符合社会法规、习俗及道德观念的要求。如公民要遵守交通规则，护士要遵守医院的规章制度等。

（2）文化适应：指调整自己的行为以符合特殊文化环境的要求，如“入乡随俗”。

4．技术适应　指人们在使用文化遗产的基础上掌握新的科学工艺和技术，以改变周围环境，控制自然环境中的压力源。如新的医疗技术不断出现，要求医务人员不断学习才能适应现代医学的飞速发展。然而，科技进步也造成了一些新的压力源，如环境污染、辐射等。

（三）塞利的压力学说

汉斯·塞利是加拿大著名生理心理学家，20 世纪 40 年代他对压力进行了广泛的研究，并著成了其理论代表作《压力》，阐明了其理论的核心内容。汉斯·塞利认为，压力是机体应对环境刺激而产生的非特异性反应。他主要从生理角度描述了人体对压力的这种非特异性反应，包括全身适应综合征（general adaptation syndrome，GAS）（图 5-4）和局部适应综合征（local adaptation syndrome，LAS）。

GAS 是指机体长期面临压力而产生的一些共同的症状和体征，如全身不适、体重下降、疲乏、倦怠、疼痛、失眠、胃肠功能紊乱等。这些症状是通过神经内分泌途径产生的。机体储存的适应能量如果被耗竭，机体缺乏适应压力的能力，最终的结果将导致死亡。

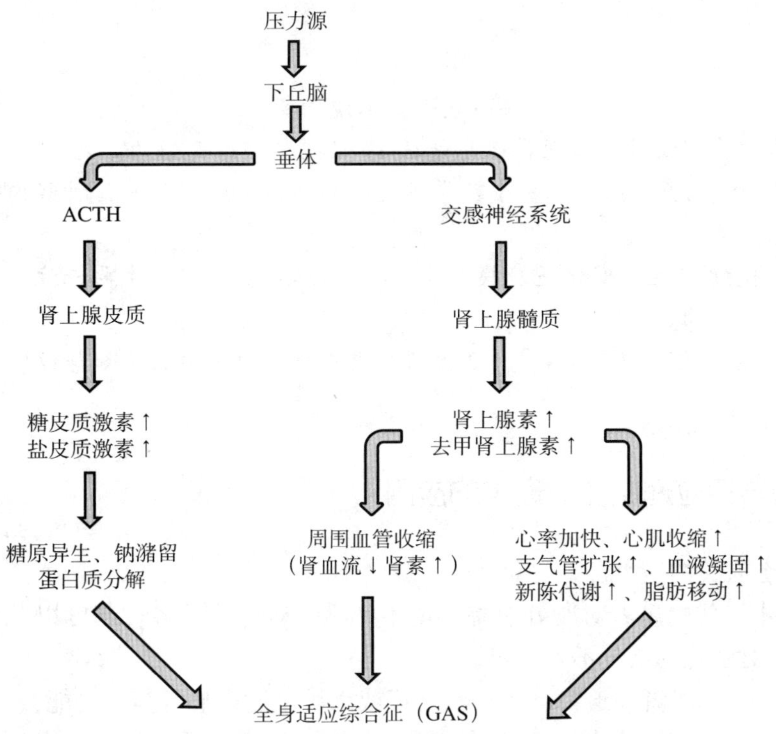

图 5-4　压力反应的神经内分泌途径

LAS 是机体应对局部压力源而产生的局部反应，如身体局部炎症而出现的红、肿、热、痛与功能障碍。

塞利认为无论是 GAS 还是 LAS 都可以分为三个阶段：警觉期、抵抗期和衰竭期。

1．警觉期　机体在压力源的刺激下，会出现一系列以交感神经兴奋为主的表现，如心跳加快、血糖、血压升高、肌肉紧张度增加等。

知识拓展：社会再适应评分量表

2．抵抗期　若压力源持续存在，所有警觉期反应的特征已消失，但机体的抵抗力处于高于正常水平的状态，使机体与压力源形成对峙，对峙的结果有两种：一是机体成功抵御了压力源，内环境重建稳定；二是压力源持续存在，进入衰竭期。

3．衰竭期　由于压力源过强、过长时间侵袭机体，使机体的适应性资源被耗尽，个体已没有能量来抵御压力源，这时若没有外部力量的帮助，将最终导致个体抵抗力下降、衰竭，甚至死亡。

知识链接

社会再适应评分量表简介

美国精神病学家托马斯·霍姆斯（Thomas Holmes）教授和拉赫（Richard Rahe），于20世纪60年代在研究生活变化与疾病的关系中发现，个体的生活变化是一种压力，适应生活变化需要消耗能量，若个体在短时间内遭遇较多剧烈变化，可能会因能量消耗过度而生病。他们通过对5000多人调查，总结出一套社会再适应评分表。霍姆斯将人类的生活事件归纳为43种，用生活变化单位（Life change unit，LCU）来表示每一生活事件对人影响的严重程度，用于收集个体在近一年内经历的生活事件数目，用量化的方式评估其生活变化的程度，以推断个体罹患率。若一年内的LCU不足150分，则下一年基本健康；若LCU为150～300分，提示次年有50%的概率患病；若LCU超过300分，提示次年患病的概率为70%。

知识链接

建立压力学说学者

有关压力的生理及社会心理学研究是从19世纪中期后开始的。

塞利：“压力学说”，从基本的生理学角度说明压力，强调了人体神经内分泌系统与压力反应的关系。

霍姆斯和拉赫：“生活变化适应模式与疾病发作学说”，研究主要专注于生活变化对健康与疾病造成的影响。

拉扎勒斯：“压力与应对模式”，则把研究重点放在对压力的认知与评估上。

三、压力与适应理论在护理中的应用

（一）与患者有关的压力源

1．环境陌生 住院患者对所处医院环境不熟悉，对医院的各种制度以及负责自己的医生和护士不了解，对医院的饮食不习惯等。

2．疾病威胁 当患者知道自己患难治之症或术后可能影响身体的功能、形象等。

3．与亲友分离 住院患者由于活动受限，与家人分离，见不到往日亲友，与外界的联系减少。

4．信息的缺乏 患者所提的问题未得到医务人员及时、满意的答复；对自身疾病的诊断、治疗、检查认识不足；对医护人员所解释的医学术语不明白等。

5．自尊丧失 患者由于生病而失去自我照顾的能力，由他人帮助如厕、进食、洗澡、穿衣等，或不能按自己意愿行事等。

6．医护人员的影响 如护士不能及时发现患者的病情变化，未给予及时处理；护理过程中医护言行不一致，影响患者的信任，造成护患关系紧张；护患沟通的不足，导致患者对护理工作不理解、不配合等。

（二）协助患者适应压力源

1．为患者提供适宜的休息环境 护士应为患者创造一个整洁、安静、舒适、安全的病室环境；主动热情地接待患者，介绍医院的环境、规章制度及负责的医生、护士，以减轻患者由于陌生和孤独带来的心理压力。

2．针对患者实际情况解决问题 护士应仔细评估患者的压力源，有针对性地为其解决。如对于因住院孤独的患者，为其介绍同室病友互相沟通；对于担心病情的患者，护士应耐心为其讲解，并给予鼓励等。

3．及时为患者提供有关疾病的信息 护士应及时告知患者有关疾病的诊断、护理、治疗、预后等信息，以消除患者不必要的焦虑及恐惧情绪，增加安全感。

4．指导患者运用恰当的应对方法 护士应主动了解不同病情、不同生活背景的患者的心理、生理状况，给予恰当的心理疏导；让患者参与制订护理计划，以减轻顾虑，主动配合。

5．协助患者建立良好的人际关系 护士应鼓励患者与医护人员、同室病友融洽相处，并动员患者家属及其他社会支持系统关心和帮助患者，使患者感受到周围人对他的关怀和爱护，以促进其身心健康的恢复。

第四节　成长与发展理论

一、概述

人在每一个成长发展阶段都有不同的特点和需要解决的特殊问题。成长与发展理论主要研究人整个生命过程中个体身心变化与年龄之间的关系，学习该理论可以帮助护士了解人生命全过程的生长与发展特点，要求护士主动地观察和判断服务对象的健康状况，明确不同年龄阶段护理对象的心理特点、行为特征和基本需要，从而提供符合护理对象需要的个性化护理。

1．成长（growth） 成长又称生长，指由于细胞增殖而产生的生理方面的改变，表现为各器官、系统体积和形态改变，可用量化的指标来测量，如身高、体重、骨密度、牙齿结构的变化等。

2．发展（development） 发展又称发育，是指生命中有顺序的可预测的功能改变，是个体随着年龄的增长以及与环境的互动而产生的身心变化过程，是质的变化。表现为细胞、组织、器官功能的成熟，如行为改变、技能增强等。

3．成熟（maturation） 成熟是指个体生理上的成长与心智发展充分发挥的过程。狭义的成熟是指生理上的生长发育；广义的成熟还包括心理社会的发展。

二、成长与发展理论的内容

（一）成长与发展的基本内容

成长与发展是一个整体的概念，一般包括以下六个方面的内容。

1．生理方面 指身体的成长、发育和功能的发展。如各组织器官体积增大和功能完善。

2．认知方面 主要指获得和利用知识的能力增强，与大脑的成长及功能发展有关，包括感觉、知觉、注意、记忆、思维、语言等。

3．情感方面 指人在各种需要得到满足或未满足时所产生的内心体验，是一种主观的经历。如喜、怒、哀、乐、悲、恐、惊等的体验和发展。

4．精神方面 指人体对生命意义及生存价值认识的变化。

5．社会方面 指个人在与外界社会交往过程中社会态度、社会角色的形成等。

6．道德方面 指人的是非观念、信仰及理想的形成。不同文化背景的人有不同的道德价值观。

（二）成长与发展的基本规律

人的成长和发展过程非常复杂，受诸多因素的影响，但遵循一定的规律。

1．预测性和顺序性 成长与发展以一定的顺序、可预测的方式进行，这种顺序不可逾越和不可逆转。生长发育通常遵循由上到下、由近到远、由粗到细、由低级到高级、由简单到复杂的顺序或规律。

2．连续性和阶段性 成长与发展在人体的整个生命阶段不断进行，是一个连续的过程，但发育是分阶段的，并非等速进行。每个发展阶段都各具特点，与一定的年龄相对应，占优势的特征是该阶段的本质特征，也包含前一阶段的特征，且下一阶段的发展都要以前一阶段的发展为基础。

3．不平衡性 人体各系统的发育顺序遵循一定的规律，各器官系统的发育快慢不同、各有先后，具有非直线、非等速的特征。例如，神经系统发育最早；生殖系统先慢后快，在青春期迅速发育；肌肉组织的发育到学龄期才开始加速。

4．个体差异性 成长与发展受多种因素影响。由于每个个体的遗传、环境不同，在生理、心理、社会各方面的成长和发展都会具有个体差异。

5．关键期 是指个体在成长发展过程中，一些行为获得发展最快的某个特定时期，在这个时期若受到不良因素影响则很容易造成缺陷。如果错过了关键期，将会对以后的成长发展产生难以弥补的影响。

（三）影响成长与发展的因素

遗传和环境因素是影响成长与发展的两个最基本因素。遗传决定生长发育的潜力，这种潜力又受到环境因素的作用和调节，两方面共同作用决定了人体成长与发展的水平。

1．遗传因素 人的成长与发展受父母双方遗传因素的影响，这种遗传的差异不仅影响人的身高、肤色、外貌等方面，而且也影响人的性格、气质、能力等。

2．个人因素 个人因素在人的成长发展过程中具有主观能动性的作用，但又受到遗传和环境因素的制约。具体包括：

（1）健康状况：个人的健康状况不仅影响人的体格发育，而且会不同程度地影响人的心理及智力的发育，尤其在发展的关键期。疾病、创伤、药物等因素均会影响儿童的成长发展。

（2）自我因素：人的自我意识的形成一般是在两岁左右，此时开始出现独立行为，使个体有能力去选择自己的生活方式，从而不同程度地影响个人的身心发育。

（3）其他因素：个人动机、学习及社会化过程等也会影响人的成长与发展。

3．环境因素 环境是影响个体成长与发展的另一重要因素，决定发展的速度及最终达到的程度，主要包括：

（1）孕母状况：胎儿在子宫内的发育受孕母年龄、营养、情绪、生活环境和健康状况等各种因素的影响。

（2）营养：充足合理的营养是个体健康成长发展的重要保证。长期营养不良或营养过剩都会影响人的成长与发展。

（3）家庭：家庭环境对人的成长与发展起着显著作用。家庭的居住环境、教养方式、家庭氛围、父母的角色榜样、受教育的机会、家庭成员的生活方式等，都会对人的成长与发展产生深远的影响。

（4）学校：学校是提供正规教育及社会化的场所。学校通过有计划、系统地传授知识，提供个体将来立足社会的必要的知识、技能与社会规范，同时也兼顾个体的体格锻炼与艺术熏陶，此外还帮助个体能够更好地建立与家庭成员以外的人际关系如同学关系、师生关系等。

（5）社会：不同的社会文化环境对人在各发展阶段所需完成的任务有所不同，因此，不同文化背景下的教育方式、生活习俗、宗教信仰及社会事件等，都对人的成长发展有不同的影响。

三、成长与发展理论在护理中的应用

目前护理领域中应用的相关理论主要有弗洛伊德的性心理学说、艾瑞克森的心理社会发展学说和皮亚杰的认知发展学说。

（一）弗洛伊德的性心理发展学说

弗洛伊德（Sigmund Freud，1856—1939），是奥地利精神病学家、心理学家，精神分析学派创始人。他通过精神分析法观察人的行为，创建了性心理学说。他开创了潜意识研究的新领域，促进了动力心理学、人格心理学和变态心理学的发展，奠定了现代医学模式的新基础，为20世纪西方人文学科提供了重要理论支柱，被誉为“现代心理学之父”。

知识链接

西格蒙德·弗洛伊德简介

西格蒙德·弗洛伊德（Sigmund Freud，1856—1939 年）是奥地利精神病学家、心理学家，精神分析学派创始人。1873 年入维也纳大学医学院学习，1881 年获医学博士学位。1882—1885 年在维也纳综合医院担任医师，从事脑解剖和病理学研究。1895 年正式提出精神分析的概念。1899 年出版《梦的解析》，被认为是精神分析心理学的正式形成。1919 年成立国际精神分析学会，标志着精神分析学派最终形成。1930 年被授予歌德奖。1936 年成为英国皇家学会会员。1938 年奥地利被德国侵占，赴英国避难，次年于伦敦逝世。他开创了潜意识研究的新领域，促进了动力心理学、人格心理学和变态心理学的发展，为现代医学模式奠定了基础。

弗洛伊德认为人是倾向于自卫、享乐和求生存的，其本能冲动来自于性的力量，是心理学发展的基础。他将性心理发展分为五个阶段。前三个阶段是人格发展的关键时期，每个阶段的原欲会出现在身体的不同部位，如果环境条件不允许人的欲望得到满足，即人的本性会被压抑，以潜意识的方式来表示，人格发展会出现停滞，会产生压抑后的精神产品或变态心理。

1．口欲期（0 ~ 1 岁左右） 此期原欲集中在口部。原欲是一种原始本能冲动。婴儿的吸吮、进食等口部欲望若能得到满足，可带来舒适和安全感，有利于情绪及人格的正常发展；若这些欲望未得到满足或过于满足，则会产生固结现象（fixation），形成以自我为中心、过度依赖、悲观、退缩等人格特征，从而出现以后的吮手指、咬指甲、饮食过度、吸烟、酗酒和吸毒等不良行为。护理此期婴儿应注意满足婴幼儿口部的欲望，注意喂养及时且方法得当，通过恰当的喂养和爱抚可给婴幼儿带来舒适和安全感，以利于正常情绪及人格的发展。

2．肛欲期（1 ~ 3 岁左右） 此期原欲集中在肛门区。健康的发展建立在控制排便所带来的愉快经历上，从而形成讲卫生、有秩序的习惯和自控能力，并形成以后人际关系的基础。此期发展固结则会造成自以为是或暴躁等人格障碍。护理此期幼儿应进行恰当的大小便训练，并注意适当的鼓励和表扬，以利于健康人格的形成。避免训练过早或过严，培养其自我控制的能力。

3．性蕾期（3 ~ 6 岁左右） 此期原欲集中在生殖器。健康的发展在于与同性别的父亲或母亲建立起性别认同感。此期发展固结则会造成性别认同困难或难以建立正确的道德观念。护理此期儿童应鼓励其对性别的认同，孩子对异性父母的认识有助于日后建立自己正确的道德观与良好的两性关系。

4．潜伏期（6 ~ 12 岁左右） 此期孩子把儿童早期的性欲冲动压抑到潜意识中，而将精力集中在学习、游戏等各种智力和体育活动上。儿童的兴趣从对自己的身体和对父母的感情转移到外界环境，愉快感来自于外在的环境，可获得许多人际交往经验，促进自我发展。此期发展固结则会造成强迫型人格。护理此期儿童应鼓励其追求新知识，认真学习与积极锻炼。为住院儿童提供各种活动的机会，包括游戏、身体活动等。

5．生殖期（12 ~ 18 岁左右） 此期原欲重新回到生殖器。但青年人已将注意力从双亲转移到自己所喜爱的异性伴侣上，逐步建立自己成熟的两性关系，逐步培养独立性和自我决策的能力，性心理的发展趋向成熟。若这阶段失败可导致个体出现身心方面的功能失常，难以建立融洽的两性关系甚至形成病态人格。护理此期患者应鼓励其追求新知识，认真学习与积极锻炼。为住院患者提供各种活动的机会，包括游戏、身体活动、学习文化知识等。

（二）艾瑞克森的心理社会发展学说

艾瑞克森（Erik Erikson，1902—1994）是美国哈佛大学的一位心理分析学家，他将弗洛伊德的理论扩展至社会方面，故称为心理社会发展学说。艾瑞克森认为影响个体发展的主要因素来自社会心理方面，他把人的一生分为八个心理社会发展阶段，所有人都要经过这些阶段，每个阶段都有一个心理社会危机需要解决。

1．婴儿期（0 ~ 18个月） 此期发展的危机是信任对不信任，任务是建立信任感。

此期的发展任务是与照顾者（父母）建立信任感，学会爱与被爱。如果此期婴儿的各种需要能及时得到满足，并得到爱抚和良好的照顾，则会产生信任感，以后也会建立良好的人际关系，并愿意与人交往。反之，则会产生不信任、不安全感，以后与人交往时便会退缩或疏远。护理此期小儿时应注意：及时满足婴儿的各种需要；经常抱起和爱抚婴儿，并与之轻柔地交谈，使婴儿有安全感；护理治疗过程中尽量减轻其疼痛与不适；减轻其父母的焦虑，鼓励他们多参与护理活动，促进母婴的情感联结。

2．幼儿期（18个月 ~ 3岁） 此期发展的危机是自主对羞愧或疑虑，任务是促进自我控制感、自信和自主性。

此期幼儿开始学习自己走路、独立吃饭、穿衣等基本自理活动，并开始察觉到自己的行为会影响到周围环境及他人，从而形成独立自主感。此期父母应鼓励幼儿自主性的尝试，使其能自我控制，能表达自己。护理此期儿童时应注意：为小儿提供自己做决定的机会，对其能力表示赞赏；鼓励幼儿进行力所能及的自理活动，如进食、穿衣等，培养其自我控制的能力；做有痛苦的治疗或需约束患儿时，应向其解释，并给予适当的抚慰。

3．学龄前期（3 ~ 6岁） 此期发展的危机是主动对内疚，任务是主动感，体验目标的实现。

此期儿童的语言、活动能力增强，好奇心强，对周围世界充满探索的欲望。此期父母应理解、鼓励和正确引导儿童，及时回答儿童提出的问题。鼓励儿童在游戏中探索世界，给予儿童更多的自由和机会增强其自主感。如果父母对儿童的行为进行指责、否定，或要求其完成力所不能及的任务，则会使儿童产生内疚感并缺乏自信。护理此期儿童应注意：及时鼓励和表扬儿童有益的主动行为，以促进其顺利发展；给住院患儿提供游戏的空间；满足患儿的合理要求，倾听其诉说，及时回答其提出的问题。

4．学龄期（6 ~ 12岁） 此期发展的危机是勤奋对自卑，任务是获得兴奋感。

此期儿童开始接受正规的学校教育，主要精力集中于学习文化知识与各种技能，学习与人合作、游戏和竞争。成功发展会使儿童更加勤奋进取，获得创造与自我发展。否则，会使儿童产生自卑感，对自己失望，并从学校的学习及与同学的交往中退缩下来。护理此期儿童应协助患儿在住院期间继续完成学习任务，将业余爱好带到医院，帮助其适应医院的环境。

5．青春期（12 ~ 18岁） 此期发展的危机是自我认同对角色紊乱，任务是建立自我认同感。

艾瑞克森认为此期是人生最关键的发展时期，认知能力大为提高，更清楚地认识自我，寻求自己在社会中的价值与角色。成功的发展能使青少年建立一种自我认同感，有独立自主的人生观，明确的人生目标，并为之努力。如果发展障碍则会表现为角色紊乱，迷失生活目标，退缩或堕落。护理此期青少年应关心其内心感受，创造机会与其讨论所关心的问题；尊重其隐私并尽可能安排其与同年龄组的患者在一起娱乐和交流。

6．青年期（18 ~ 35岁） 此期发展的危机是亲密对孤独，任务是发展与他人的亲密关系。

此期的主要影响人员是同龄异性朋友。发展任务是发展与他人的亲密关系，建立友谊、爱情和婚姻关系，从而建立亲密感。此期顺利发展的结果是拥有美满的感情生活，有亲密的人际关系。如发展障碍，就会导致性格孤僻，逃避工作或家庭中的责任。护理此期患者时应帮助保持与他人的亲密关系，帮助实现人生目标。建立互相信任和理解的人际关系。

7．中年期（35 ~ 65岁） 此期发展的危机是创造对停滞，任务是养育下一代。

主要影响人员是同事和配偶。关注的重点扩展为整个家庭、工作、社会以及养育下一代，为社会创造物质和财富。此期发展顺利，则会热爱家庭和社会，悉心养育下一代，关心他人，富有创造性。发展障碍则会导致纵容自己，自私，缺乏责任心。护理此期患者时应给患者提供更多的感情支持，对其个人成就给予适当称赞。

8．老年期（65 岁以上） 此期发展的危机是完善对失望，任务是建立完善感。

此期主要影响人员是老伴、子女。此期，老年人常回顾自己的一生，评价自己的人生价值，积极的老年人会在这种自我回顾中努力发现一种完善感，并努力发挥自己的潜能以弥补缺憾，使生命更有意义。反之，老年人会悔恨往事、悲观失望。护理老年人时，护士要耐心倾听，对其已有的成就给予肯定，鼓励其参加自己喜爱的活动，以发掘其潜能，并与人多交往。应及时发现患者抑郁、悲观等情绪，并采取相应的心理疏导，以免发生意外。

（三）皮亚杰的认知发展学说

皮亚杰（Jean Piaget，1896-1980）是瑞士杰出的心理学家和哲学家，他通过对儿童行为的详细观察和研究，提出认知发展学说。皮亚杰认为人的认知的发展就是个体与环境相互作用、相互适应的过程。他将认知发展分为四个阶段。

1．感觉运动期（0 ～ 2 岁） 此期思维的特点是婴幼儿通过自己身体的动作与感觉来认识周围的世界，如吸吮、抓握、观看等；以正确或错误的方式尝试解决问题，对空间有初步的概念，开始协调感觉、知觉及动作间的活动。护士应为患儿提供各种感觉和运动刺激，促进婴儿智力发展，注意患儿安全，不要让婴儿接触危险的物品。

2．前运思期（2 ～ 7 岁） 此期儿童开始使用语言来表达自己的需要，其思维尚缺乏系统性和逻辑性，以自我为中心，认知物体人格化。护士应意识到此期幼儿以自我为中心的特点，从幼儿的角度和需求出发进行护理活动。通过游戏、绘画等方式来沟通和让其表达自己的感受。制订适当的规则，使幼儿服从病房规定并配合治疗与护理。

3．具体运思期（7 ～ 11 岁） 此期儿童摆脱了以自我为中心，能同时考虑问题的两个方面或更多方面；开始具有了逻辑思维能力并具有时间和空间概念，能按物体的特征进行分类等。护士应借助合适的材料如图片、模型等，教会患儿基本的健康知识，鼓励患儿积极参与疾病的治疗及护理。

4．形式运思期（11 岁起） 此期青少年思维迅速发展，接近成人水平，从具体思维发展到抽象思维和假设推理；在解决问题时预先制订计划，运用科学的论据思考不同的解决方法，并能按所有的可能性作推测和判断。护士应理解、接受并尊重患者，尊重青少年的隐私，不要嘲笑或否定。可以更详尽地解释治疗和护理的过程，鼓励其做出合理的选择。

为护理学发展奠定理论基础并产生深远影响的理论有一般系统理论、人类基本需要层次论、压力与适应理论、成长与发展理论等。

系统论认为：整体性、相关性、层次性、目的性、动态性等是所有系统的共同的基本特征。

美国著名哲学家、社会心理学家马斯洛提出，人的需要有不同层次，论述了不同层次之间的关系，从而形成了人类基本需要层次理论。按其发生的先后顺序及重要性，由低到高分为五个层次：1. 生理的需要；2. 安全的需要；3. 爱与归属的需要 ；4. 尊重的需要；5. 自我实现的需要。

汉斯·塞利认为，压力是机体应对环境刺激而产生的非特异性反应。他主要从生理角度描述了人体对压力的这种非特异性反应，包括全身适应综合征（GAS）和局部适应综合征（LAS）。

弗洛伊德通过精神分析法观察人的行为，创建了性心理学说，被誉为“现代心理学之父”。

他将性心理发展分为五个阶段：1. 口欲期；2. 肛欲期；3. 性蕾期；4. 潜伏期；5. 生殖期。

艾瑞克森认为影响个体发展的主要因素来自社会心理方面，他把人的一生分为八个心理社会发展阶段：1. 婴儿期；2. 幼儿期；3. 学龄前期；4. 学龄期；5. 青春期；6. 青年期；7. 中年期；8. 老年期。

皮亚杰认为人体认知的发展就是个体与环境相互作用、相互适应的过程。他将认知发展分为四个阶段。1. 感觉运动期；2. 前运思期；3. 具体运思期；4. 形式运思期。

A1 型题

1．按系统与环境的关系分类可划分为
A．自然系统与人为系统
B．闭合系统与开放系统
C．动态系统与静态系统
D．实体系统与概念系统
E．输入系统与输出系统

2．开放系统与闭合系统的基本区别在于
A．系统内部各要素有无相互联系
B．系统有无边界
C．系统内部各要素的组成层次
D．系统有无功能
E．系统是否与环境相互关联

3．系统的基本属性不包括
A．整体性
B．目的性
C．独立性
D．相关性
E．层次性

4．依据马斯洛的人类基本需要层次理论，当生理的需要满足后，则应满足
A．尊重的需要
B．社交的需要
C．爱与归属的需要
D．安全的需要
E．自我实现的需要

5．外界环境变化导致机体生理的需要增加时所引起的反应是
A．社会适应
B．代偿性适应
C．感觉适应
D．文化适应
E．技术适应

6．压力与适应理论中的第三线防卫是指
A．求助于医护人员
B．利用支持力量
C．避免与应激源接触
D．正确对待情感
E．成功地适应

7．被称为“现代心理学之父”的是
A．艾瑞克森
B．弗洛伊德
C．科尔伯格
D．皮亚杰
E．以上都不是

8．弗洛伊德性心理发展学说中以口部为快乐中心的时期是
A．口欲期
B．肛欲期
C．性蕾期
D．潜伏期
E．生殖期

9．察觉到性别差异，恋慕异性父母，属于弗洛伊德性心理发展的
A．口欲期
B．肛欲期
C．生殖期
D．潜伏期
E．性蕾期

10．艾瑞克森的心理社会发展理论中危机为自我认同对角色混乱的时期是
A．幼儿期

B．学龄前期
C．成年期
D．婴儿期
E．青春期

11．根据艾瑞克森的心理社会发展学说，幼儿期发展的危机是
A．自主对内疚
B．勤奋对自卑
C．自主对羞愧或疑虑
D．自我统一对角色混乱
E．以上都不是

12．瑞士杰出的心理学家皮亚杰提出
A．性心理发展学说
B．心理发展学说
C．道德发展理论
D．智力发展学说
E．认知发展学说

A2 型题

13．患者王某，公司职员，因慢性肾炎住院，入院后希望护士能将同病室的患者介绍与他认识，这是属于满足其
A．生理的需要
B．安全的需要
C．尊重的需要
D．爱与归属的需要
E．自我实现的需要

14．患者刘某，因车祸导致面部严重损伤留下瘢痕，不愿意见人，此时护士应考虑其：
A．生理的需要
B．安全的需要
C．尊重的需要
D．爱与归属的需要
E．自我实现的需要

A3/A4 型题

（15 ~ 16 共用题干）
姜某，女性，10 岁，小学生，因学习压力过大，自感力不从心，近半年，不与老师和家长沟通，整日郁郁寡欢、闷闷不乐。今日自觉心慌，由家人陪伴入院，护理评估：神志清楚、脉搏 80 次 / 分，呼吸 15 次 / 分，血压 100/76 mmHg，窦性心律不齐。其他体格检查均正常。

15．此期患者发展的主要危机是
A．信任对不信任
B．自主对羞愧或疑虑
C．主动对内疚
D．勤奋对自卑
E．自我认同对角色混乱

16．护理此期患者，以下错误的是
A．心理疏导，帮助其解决问题
B．转移注意力，使其心情愉悦
C．鼓励和赞赏，使其敢于面对困难和挑战
D．劝导父母，不要给其过大压力
E．嘲笑和指责

B 型题

（17 ~ 18 题共用备选答案）
A．系统理论
B．需要层次理论
C．压力与适应理论
D．自理模式
E．适应模式

17．美国著名心理学家马斯洛提出的理论是
18．美籍奥地利理论生物学家贝塔朗菲提出的理论是

（19 ~ 21 题共用备选答案）
A．空气、水、食物
B．对自己的尊严和价值的追求
C．希望被别人认同
D．个人能力得到充分发挥
E．渴望加入某个群体

19．属于生理的需要的内容是
20．属于尊重的需要的内容是
21．属于爱和归属的需要的是

（申世玉）

第六章　护理理论与模式

学习目标

1．掌握奥瑞姆的自理理论的基本概念和主要内容、罗伊的适应模式的基本概念和主要内容。

2．熟悉纽曼的健康系统模式的基本概念和内容、莱宁格的跨文化护理理论的基本概念和内容、自理理论的临床护理应用、适应模式的临床护理应用。

3．了解健康系统模式的临床应用、跨文化护理理论的临床应用。

4．具有先进的护理理念并指导自身的专业行为。

护理学理论（nursing theory）是以护理理念和模式为基础，并借鉴其他学科的理论原理及原则，清楚地阐明了护理现象及其之间的联系，是客观事物本质及其规律性的正确反映。

20 世纪 50 年代以后，护理专家们通过不断探索，相继建立了护理学的理论或模式，如奥瑞姆的自理理论、罗伊的适应模式、纽曼的健康系统模式、佩普劳的人际关系模式、莱宁格的跨文化护理理论等。这些理论或模式着眼点不同、侧重点也各有不同，不同的护理理论、模式相互补充，丰富和完善了护理学的理论体系，为护理实践、教育、科研和管理提供了依据，为护理专业的进一步发展奠定了基础。

第一节　奥瑞姆的自理理论

导入情景

王某，女，65 岁，自己行走时不慎平地跌倒，左侧肢体着地，左髋部疼痛剧烈，不能站立行走，遂来就诊，拍 X 线片示：左股骨颈骨折，收治入院。查体：T 36.2 ℃，P 82 次 / 分，R 20 次 / 分，BP 130/80 mmHg，神志清醒，精神可，诉髋关节疼痛，活动障碍，查血：白细胞计数 8.00×10^9/L，中性粒细胞比例 73.20%，血红蛋白 108 g/L。诊断为左股骨颈骨折。医嘱行左髋人工关节置换手术。

工作任务：

1．认识奥瑞姆的自理理论。

2．手术后，用奥瑞姆的护理系统理论对患者实施护理。

多萝西娅·奥瑞姆（Dorothea E. Orem，1914—2007），美国当代著名护理理论家。1971 年，在其理论代表作《护理：实践的概念》中系统阐述了自理理论。此后，该书多次修订再版，经过 30 多年的丰富与完善，于 1991 年提出了比较完善的综合护理理论，即自理理论。

知识链接

奥瑞姆简介

多萝西娅·奥瑞姆，1914年出生于美国的马里兰州（Maryland）。1932年完成初级护理教育；1939获美国天主教大学护理学学士学位，1945年获该大学护理教育硕士学位；1976年被华盛顿乔治城大学授予荣誉博士。奥瑞姆护理工作经验丰富，曾任临床护理人员、教师，护理教育咨询专家等职。1957年受聘于国家卫生教育福利部教育司，主管临床护士的培训工作。1959年发表了《护理是对人提供自理照顾的职业》一文，该文是奥瑞姆自理理论的雏形。1971年出版了其理论代表著作《护理：实践的概念》（*Nursing: Concepts of Practice*），首次公开阐述了自理理论的内容，此后该书多次修订再版，每一次再版奥瑞姆都结合护理专业的发展对自己的理论进行完善，使之对护理实践更具指导作用。

一、自理理论的内容

奥瑞姆的自理理论主要由三部分组成，即自理理论（the theory of self-care）、自理缺陷理论（the theory of self-care deficit）和护理系统理论（the theory of nursing system）。

（一）自理理论

奥瑞姆在自理理论结构中，主要阐述了什么是自理，人有哪些自理需要，包含自理、自理能力、基本条件因素、自理需要及治疗性自理需要等概念。

1．自理（self-care） 也称自护、自我护理，是个体为维持生命、健康和功能完好而采取的一系列自发性调节行为和自我照顾活动。自理是一系列连续的有目的的活动，可以通过学习或经他人帮助、指导而获得，贯穿于日常生活之中。个体需要运用智慧和经验，通过不断尝试或向他人学习使自理活动得以更好地完成，其是否有效直接影响个体的健康。一般来说，正常成人有能力从事自理活动，但儿童和那些不能自理或不能完全自理的成人因自理活动受限则需要不同程度的帮助。

2．自理能力（self-care agency） 是个体完成自理活动或自我照顾的能力。个体的自理能力通过后天的实践和学习而不断得到发展，受年龄、发展水平、生活经历、文化背景、健康状况及可获得的资源、条件等因素的影响。

奥瑞姆认为自理能力主要包括以下十个方面：①重视和警惕健康危害因素的能力；②控制和利用体能的能力；③适当调整体位的能力；④认识疾病和预防复发的能力；⑤正确对待疾病的态度；⑥对健康问题的判断能力；⑦学习和运用疾病治疗和康复相关知识和技能的能力；⑧与医务人员有效沟通并配合治疗的能力；⑨安排自我照顾行为的能力；⑩寻求恰当社会支持和帮助的能力。

3．基本条件因素（general conditioning factors） 是反映个体生活状况特征及生活条件的诸多因素。这些因素影响着个体的自理能力。奥瑞姆概括了十个基本条件因素：年龄、性别、生长发育状态、健康状况、社会文化背景、健康服务系统、家庭系统、生活方式与行为习惯、环境因素、可获得的资源及利用情况。

4．自理需要（self-care requisites） 是个体为了维持和促进其生理、心理、社会发展过程中所产生的自我照顾的需要。包括一般的自理需要、发展的自理需要、健康不佳时的自理需要。

（1）一般的自理需要（universal self-care requisites）：也称日常生活需要，是所有人在生命周期的各个发展阶段都会出现的需要。主要包括六个方面：①摄入足够的空气、水和食物；②排泄代谢产物；③维持活动与休息的平衡；④维持独处与社会交往的平衡；⑤预防和避免有害因素对机体的刺激；⑥促进人的整体功能完善与发展。

（2）发展的自理需要（developmental self-care requisites）：是在生命发展过程中各阶段特

定的自理需要以及在某种特殊情况下出现的新的需要。不同的发展时期有不同的需要，如婴幼儿期有养成良好的饮食习惯、排泄习惯的需要；青少年期有自我认同的需要；成年期有稳定的工作、收入、婚姻，事业有所成就的需要等。当个人在成长发展过程中遇到不利情况时，有预防和处理这些不利情况的需要，如应对失业、失去亲人、车祸等意外事件的需要。

（3）健康不佳时的自理需要（health deviation self-care requisites）：指个体发生疾病、遭受创伤及特殊病理变化，或在诊断治疗过程中产生的自理需要。包括寻求适当的健康服务，选择及时和适当的治疗与护理；了解自身疾病及预后，遵从医嘱，合理配合诊疗及护理，积极应对疾病导致的身心反应；学习相应的技能，接受并适应患病角色；接受伤残事实及重新树立自我形象与自我概念等。

5．治疗性自理需要（therapeutic self-care demand） 是个体通过正确而有效的途径以满足自己的发展及功能的需要。治疗性自理需要是需要进行护理活动时的自理需要。即个体为了维持生命和健康所做的所有自理行为。

当个体的自理能力大于或等于其自理需要时，个体可以完成自理。当个体的自理能力小于其自理需要时，即自理能力不能满足或部分满足自理需要时，则需要接受他人的照顾或帮助。个体部分自理时，代偿不足的那部分需要由治疗性自理提供；个体完全不能自理时，失代偿状态下机体所有的需要均通过治疗性自理实现。

（二）自理缺陷理论

自理缺陷理论是奥瑞姆自理理论的核心，重点阐述了个体什么时候需要护理。奥瑞姆认为在某一特定的时间内，个体有特定的自理能力及自理需要。当个体的自理能力能够满足自理需要时，机体处于平衡状态；当个体的自理能力下降或是自理需要增加，即个体的自理能力无法满足自理需要时，就会出现自理缺陷，个体就需要借助外在的力量，如护士的帮助。因此，护理对象存在与健康有关的自理能力缺陷程度是确定提供专业护理照顾的标准。自理缺陷的出现是个体需要护理介入的原因。

（三）护理系统理论

奥瑞姆在护理系统理论中，主要阐述了如何通过护理系统帮助个体满足其自理需要，即解释了如何提供护理的问题。根据患者的自理需要、自理能力和护士职责范围，奥瑞姆设计了三种护理系统：全补偿系统、部分补偿系统、支持－教育系统。护理系统的选择要根据患者的自理需要和自理能力确定。护理系统不同，护士的责任、护士和患者需要采取的行动类型和职责范围也不同（图 6-1）。

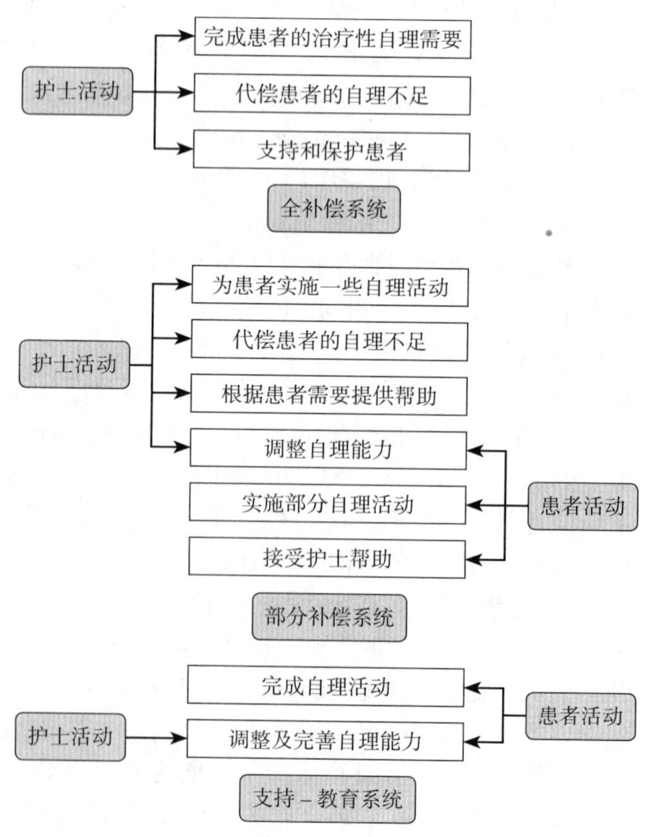

图 6-1　奥瑞姆护理系统理论结构示意图

1．全补偿系统（the wholly compensatory system） 在全补偿系统中，患者没有自理能力，需要护士进行全面护理，以满足患者在氧气、水、营养、排泄、个人卫生、活动以及感官刺激等各方面的需要。此系统适用于以下患者：患者在神志、体力上均没有能力进行自理，如昏迷患者；患者神志清楚，但体力无法满足自理需要，如高位截瘫、脑卒中患者；患者虽有完成自理活动需要的体力，但由于智力和精神等原因，无法对自己的自理需要做出正确判断和决定，如精神分裂症、阿尔茨海默病患者。

2．部分补偿系统（the partly compensatory system） 在部分补偿系统中，护士和患者共同承担患者的自理活动，在满足自理需要方面护士和患者双方共同起作用。此系统适用于能完成部分自理活动，但在某些方面缺乏自理能力的患者。如腹部手术后，患者能满足床上吃饭、穿衣服等自理需要，但仍需要护士提供不同程度的帮助，如协助如厕、更换敷料等。

3．支持－教育系统（supportive-educative system） 在支持－教育系统中，患者有能力执行或学习一些必要的自理方法，但需要在护士的指导下完成。护士的角色是促进、提高患者的自理能力，促使患者能够完成自理，为患者提供的是支持、指导和促进发展的环境。如对糖尿病患者胰岛素注射方法的教育等。

奥瑞姆认为护理系统是个动态的行为系统，采用何种护理系统应根据患者的自理能力和自理需要而定。同一患者的不同疾病阶段可以采用不同的护理系统进行护理。如择期手术患者，入院时可采用支持－教育系统，术前准备期可采用部分补偿系统，术中及术后全麻未清醒前可采用全补偿系统，清醒后可采用部分补偿系统，而到了出院前则又可采用支持－教育系统。总之，选择有效的护理系统才能为患者提供最佳的护理。

二、自理理论与护理实践

奥瑞姆将自理理论与护理程序有机地结合起来，通过有效的评估方法和工具，评估患者的自理能力与自理缺陷，明确护士的角色功能，以帮助患者达到更好的自理。

1．评估患者的自理能力和自理需要 通过收集患者的资料确定患者存在哪些方面的自理缺陷、自理缺陷程度，以及引起自理缺陷的原因。评估患者的自理能力和自理需要，并在此基础上决定患者为何需要护理及需要哪些护理，达到维持生命和恢复健康的目的。

2．确定恰当的护理系统，制订护理计划 根据患者的自理需要、自理能力，选择一个恰当的护理系统，确定预期的护理目标，结合患者的自理需要制订详细的护理计划，以达到帮助患者恢复和促进健康、增进自理能力的目的。

3．实施护理措施 根据护理计划提供恰当的护理措施，然后将实施后的护理效果与目标相比较进行护理评价，根据评价的结果，调整所选择的护理系统，修改护理方案，从而达到满足患者自理需要，帮助其恢复和提高自理能力的目的。

第二节　罗伊的适应模式

导入情景

黄某，女，38 岁，育有一子，6 岁。因右侧乳房肿块 3 个月入院。查体：T 36.8 ℃，P 82 次 / 分，R 20 次 / 分，BP 120/80 mmHg。钼靶检查：右乳外上象限可见一处密度较高的钙化灶，范围为 1 mm × 1 mm。初步诊断：乳腺癌。行“右侧乳腺癌根治术”，术后生命体征平稳，护士查房时患者自诉担心自己手术后的形象会受到影响，对术后能否正常生活而感到担忧，更为孩子小、丈夫疏于照顾担心。

工作任务：

1．运用罗伊适应模式，对患者进行一级评估。

2．识别患者的主要刺激、相关刺激和固有刺激。

3．运用罗伊的适应模式对患者实施护理。

卡利斯塔·罗伊（Sister Callista Roy，1939-），美国当代著名护理理论家，于1964年提出适应模式，该模式以心理学、社会学的理论为基础，以适应为核心，阐述了人如何适应环境中的刺激，探讨了人作为一个适应系统在应对环境刺激过程中的适应机制、适应方式和适应过程。

知识链接

罗伊简介

卡利斯塔·罗伊，1939年出生于美国洛杉矶，1963年毕业于洛杉矶的蒙特·圣玛丽学院，获护理学学士学位，1966年获加州大学洛杉矶分校的护理学硕士学位，1973年及1977分别获得加州大学洛杉矶分校的社会学硕士及博士学位。罗伊于1966年在圣玛丽学院护理系任教，讲授儿科护理学和妇产科护理学。1971年任该校护理系主任，同期任教于波特兰大学护理学院，并担任亚利桑那州的图森市圣玛丽医院的代理主任及护理顾问。1987年到波士顿学院护理学院任教，讲授硕士及博士研究生的护理理论课程。2007年，为表彰罗伊在护理学科领域所做的卓越贡献，美国护理研究院授予其“当代传奇人物”的荣誉称号。

一、适应模式的内容

适应模式以适应为核心，认为人是一个适应系统，始终处于内部环境和外部环境的各种刺激中，要不断地从生理、心理两个层面进行调节，做出适应性反应，以应对内外环境的变化，维持自身在生理功能、自我概念、角色功能和相互依赖方面的完整，从而保持健康。该模式在结构上包括输入、控制过程、效应器、输出和反馈（图6-2）。

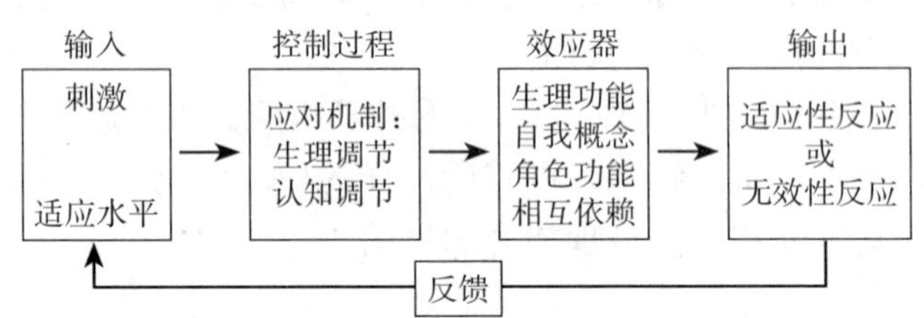

图6-2 罗伊适应模式基本结构示意图

（一）输入

适应系统的输入部分包括刺激和适应水平两方面。

1．刺激（stimuli） 刺激是指来自外界环境或人体内部的，能引起护理对象某种反应的任何物质、能量或信息。来自外部环境的刺激称为外部刺激，如声音、光线、温度等；来自内部环境的刺激称为内部刺激，如疾病、血压、疼痛等。根据其作用方式的不同，刺激可分为主要刺激、相关刺激、固有刺激三类。

（1）主要刺激（focal stimuli）：是指人所直接面对的、需要立即做出适应反应的刺激。它可以是生理上的变化，如对于一个手术后患者，疼痛可能是一个主要刺激；也可以是环境的变化，如住院；还可能是一种关系的变化，如分娩或结婚后家庭添加新成员。但主要刺激也处于不断的动态变化过程中。

（2）相关刺激（contextual stimuli）：是指环境中除了引起个体反应的主要刺激以外，其他所有内在的或外在的对当时的情境有影响的刺激，可视为诱因。这些刺激是可以观察到、可测量到或由本人诉说的，如遗传因素、吸烟、饮酒、药物、压力、自我概念、角色功能、社交方式、家庭结构及功能等。例如对于一个手术后患者，疼痛是主要刺激，缓解疼痛的药物便是一个正性的相关刺激。

（3）固有刺激（residual stimuli）：是指原有的构成个体特性的刺激，这些刺激可能对当时的情景有一定影响，但其影响作用不确定或者未得到证实，如文化背景、经验、态度、个性等。

2．适应水平（adaptive level） 适应水平指人所承受或应对刺激的范围和强度，即人能在多大程度上承受刺激并做出适应性反应。适应水平有一个区域，如果刺激的数量和强度在个体的适应水平之内，系统将输出适应性反应。反之，如果超出个体的适应水平，则输出无效性反应。适应水平与人的适应能力有关，因人而异，并受应对机制的影响而不断变化。即使同一个人在不同时期其适应水平也是变化的。

（二）控制过程

控制过程指个体所采用的应对机制，是人作为一个适应系统，面对刺激时的内部控制过程。机体的应对机制是通过生理调节、认知调节进行的。

1．生理调节（physiological regulation） 生理调节是人先天所具备的应对机制，通过神经－化学介质－内分泌过程调节和控制个体对刺激的自主性反应。如发生感染时，白细胞升高，以对抗病原体的入侵。

2．认知调节（cognitive regulation） 认知调节是后天学习而得的应对机制，通过感觉、信息加工、学习、判断及情感控制等途径，来调节与控制个体对刺激的自主反应。如高血压患者会遵医嘱服药、改变不良生活习惯等。

（三）效应器

效应器指经过生理和认知调节后个体的适应活动，是机体应对刺激后的反应和表现形式。生理调节和认知调节共同作用于以下四个适应层面。

1．生理功能（physiological mode） 生理功能是与人的基本适应需要相关的生理需要，包括呼吸、循环、营养、排泄、活动与休息、防御、感觉、水与电解质平衡、神经功能和内分泌功能等。生理功能的适应是为了维持人的生理完整性。

2．自我概念（self-concept mode） 自我概念是人在特定的时间对自己全面的看法、感觉、评价和信念等，包括躯体自我和人格自我。躯体自我是个体对自身身体形象及躯体感觉的感知与评价；人格自我是个体对自我的理想、期望、道德伦理、社会地位等心理社会方面的认知与评价。自我概念方面的适应是为了维持人的心理方面的完整性。

3．角色功能（role function mode） 角色功能是人对其承担社会角色的履行情况以及满足社会对其角色期待的情况。人的角色可分为主要角色、次要角色和临时角色。主要角色是最基本的角色，与人的性别和年龄等不可选择的因素相关，是一个人行为方式的决定因素；次要角色是通过个人能力、血缘及社会关系中获得的，体现了一个人的社会功能；临时角色由人的业余生活或暂时性的活动所赋予的角色。角色功能的适应是为了维持人的社会方面的完整性。

4．相互依赖（interdependence mode） 相互依赖是人与其有重要关系的人以及支持系统间的相互关系，包括尊重、爱、价值观方面的互动。个体面对难以应对的刺激时，常需要从相互依赖的关系中获得帮助和情感支持。罗伊认为，在相互关系中一个人必须具有给予与接受爱和帮助的能力。相互依赖方面的适应是为了维持人的社会关系的完整性。

（四）输出

根据适应模式，个体受到内外环境的刺激后，通过调节和控制最终产生的行为是系统的输出。输出的结果有两种：适应性反应或无效性反应。适应性反应能维持自身的完整统一，促进个体的生存、生长、繁衍和自我实现的需要；无效性反应破坏了个体的完整性，无法满足个体生存、生长、繁衍和自我实现的需要。个人的适应能力并非固定不变，而是随时间、环境、条件的变化而变化。

二、适应模式与护理实践

罗伊的适应模式已被广泛应用于临床护理实践中。罗伊将适应模式与护理程序结合，将护理的工作方法分为六个步骤：一级评估、二级评估、护理诊断、制订护理目标、干预和评价。

1. 一级评估 又称行为评估，是指护士收集与生理功能、自我概念、角色功能和相互依赖四个层面有关的输出性行为。通过一级评估，护士可确定患者的行为反应是适应性反应还是无效性反应。一级评估的内容包括：生理功能、自我概念、角色功能、相互依赖。

2. 二级评估 又称刺激评估，是对引起患者行为改变的三种刺激因素进行评估。通过收集、整理所有可能的内、外部刺激因素，识别主要刺激、相关刺激和固有刺激，可帮助护士明确引起患者无效反应的原因。

3. 护理诊断 护理诊断是对患者适应状态的陈述或诊断。护士通过一级评估和二级评估，可明确患者的无效反应及其原因，进而可提出护理问题或护理诊断，并根据优先顺序进行排列，为制订护理目标提供依据。

4. 制订护理目标 护理目标是对患者经过护理干预后应达到的行为结果的陈述。制订目标时护士应以护理对象为中心，尽可能与患者共同制订并尊重患者的选择。目标应可观察、可测量，服务对象可以达到。

5. 干预 护理干预是对护理措施的制订和实施。罗伊认为护理干预可通过改变和控制各种作用于适应系统的刺激，使刺激的总和限制在护理对象的适应范围内。控制刺激时不仅要针对主要刺激，还应注意对相关刺激和固有刺激的控制。控制刺激的方式有消除刺激、增强刺激、减弱刺激或改变刺激。干预也可着重于提高人的应对能力和适应水平，了解其生理调节和认知调节的能力和特点，给予必要的支持和帮助，使全部刺激作用于人的适应范围以内，以促进适应反应。

6. 评价 评价的目的是检验护理措施的有效性。评价时，继续通过一级评估和二级评估收集有关资料，将护理对象的输出行为与目标行为进行比较，以确定是否实现护理目标。对尚未达到护理目标的护理问题，要分析原因，根据评价结果对护理措施进行修订与调整。

第三节 纽曼的健康系统模式

导入情景

赵某，男，48岁。因突发剧烈头痛、头晕伴视物模糊入院。既往“高血压”病史3年，间断服用降压药物，血压控制在130～150/90～110 mmHg。2天前熬夜时出现头痛、头晕。查体：T 37.2 ℃，P 96次/分，R 20次/分，BP 200/120 mmHg；神志清楚，烦躁不安，视物不清。初步诊断：高血压危象。

工作任务：

1. 识别患者的压力源。

2. 运用纽曼的健康系统模式针对高血压患者的不同阶段，进行预防保健护理。

贝蒂·纽曼（Betty Neuman，1924-），美国护理理论家，20 世纪 70 年代提出健康系统模式。该模式以开放系统、压力与适应理论为框架，用整体的方法看待人与环境的互动关系。纽曼认为人在环境中面对多种多样的压力源时会产生不同的反应，护理就是根据个体对压力源的反应进行针对性干预，即恰当运用一级预防、二级预防和三级预防的活动来维持或恢复系统的平衡。

知识链接

纽曼简介

贝蒂·纽曼，精神卫生护理领域的开拓者。1924 年生于美国俄亥俄州，1947 年完成护理大专教育；1957 年获加州大学洛杉矶分校护理学学士学位，1966 年获该校精神卫生和公共卫生硕士学位；1985 年获得了西太平洋大学的临床心理学博士学位。纽曼的工作经历涉及临床护士、护士长、护理部主任、精神病咨询专家、护理系主任、教授等，在公共卫生护理、社区精神及心理护理方面尤有建树。纽曼系统模式于 20 世纪 70 年代在《护理研究》杂志上首次发表，1982 年出版的《纽曼的系统模式：在护理教育和护理实践中的应用》中进行了系统阐述，此后，纽曼对其模式又进行了多次的完善与修改。纽曼的健康系统模式被广泛应用于指导社区护理及临床护理实践。

一、健康系统模式的内容

纽曼健康系统模式是以开放系统为基础构建的护理模式。该模式重点叙述了四部分内容：与环境互动的人、压力源、个体面对压力源所作的反应以及对压力源的预防。

（一）人

人是一个与环境持续互动的开放系统，称为服务对象系统或个体系统。这个系统可以是一个人，也可以是家庭、群体或社区。个体系统是由 5 个变量组成的整体系统，即生理、心理、社会文化、发展和精神。这个整体系统的结构可用围绕着一个核心的一系列同心圆来表示，即基本结构、弹性防御线、正常防御线、抵抗线（图 6-3）。

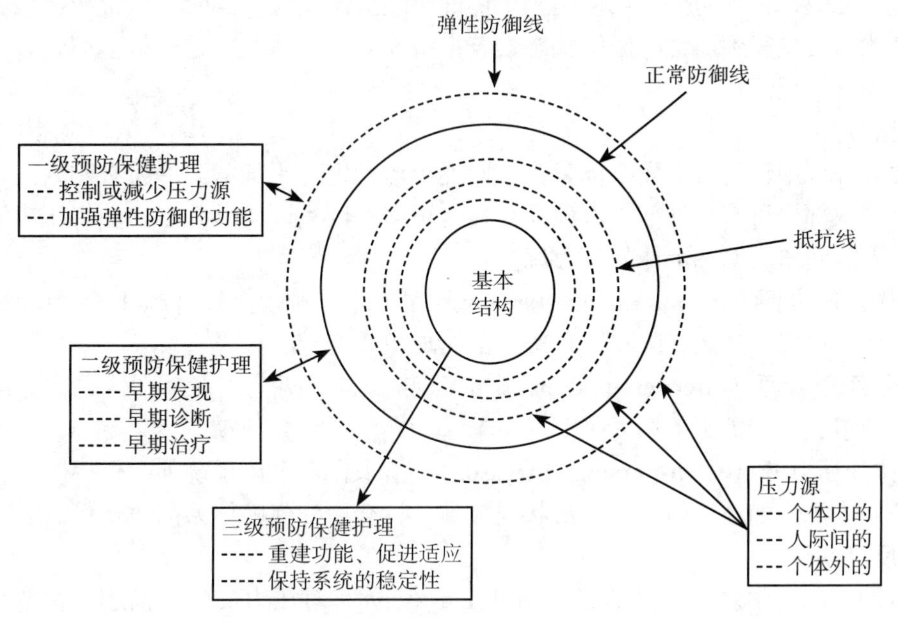

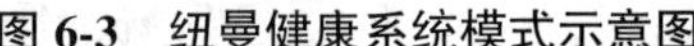
图 6-3　纽曼健康系统模式示意图

知识拓展：
个体系统的 5 个变量

1．基本结构（basic structure） 位于核心部分，是机体的能量源。基本结构是个体所需的生存因素和其先天的内外部特征的综合，包括生物体维持生命所需的基本因素，如解剖结构、生理功能、基因类型、认知能力、自我概念等。基本结构受人的生理、心理、社会文化、发展和精神五个方面功能状态及相互作用的影响和制约，一旦遭到破坏，个体便处于危险状态。

2．抵抗线（lines of resistance） 在纽曼健康系统模式图中，抵抗线是紧贴基本结构外围的一系列虚线圈。它是由内部一系列已知或未知的因素构成，如个体的免疫防御机制、应对行为、适应时产生的生理机制等。其主要功能是保护基本结构的稳定和恢复正常防御线，以维持机体内外环境的协调与平衡。当压力源入侵到正常防御线时，抵抗线被无意识地激活，若其功能能够有效发挥，可促使个体恢复到正常防御线的水平；若功能失效，则可致个体能量逐渐耗竭，甚至死亡。

3．正常防御线（normal line of defense） 正常防御线是抵抗线外围的一层实线圈，是个体对内外环境刺激的正常的、稳定的反应范围。正常防御线是个体系统在生长发育的过程中，通过与环境不断互动逐渐形成的。其功能是抵抗各种刺激，维持个体系统日常的稳定健康状态。正常防御线的强弱与个体在生理、心理、社会文化、发展、精神方面对环境中的压力源的适应与调节程度有关。正常防御线可伸可缩，但比弹性防御线相对稳定。当个体的健康水平提高时，正常防御线扩展；健康状态恶化，正常防御线萎缩。当压力源作用于机体时，如果个体的弹性防御线不足以抵抗压力源的入侵，压力源就会作用于正常防御线，机体即产生应激反应，表现为系统的稳定性降低，健康状况下降或出现疾病状态。

4．弹性防御线（flexible line of defense） 弹性防御线是正常防御线外围的虚线圈，是个体系统的保护性缓冲系统。其功能是可以防止外界压力源的直接入侵，保护正常防御线，使个体系统免受应激反应的影响。一般来说，弹性防御线距正常防御线越远，缓冲、保护作用就越强。弹性防御线受个体生长发育、身心状况、认知能力、社会文化、精神信仰等因素的影响。失眠、营养不良、生活不规律、身心压力过大等都可能削弱其防御功能。

以上三种机体防御机制，既有先天赋予的，也有后天习得的，其抵抗效能取决于个体系统的生理、心理、社会文化、发展、精神五个变量的发展情况及相互作用。三条防御线中，弹性防御线保护正常防御线，抵抗线保护基本结构。当个体遇到压力源时，弹性防御线首先被激活；若其抵抗无效，正常防御线被侵犯，个体即出现应激反应；同时，抵抗线也被激活，若抵抗有效，个体又可恢复到通常的健康状态；若抵抗无效，个体基本结构就会遭到破坏，致个体能量逐渐耗竭，甚至死亡。

（二）压力源

压力源是环境中任何可引发个体紧张或影响个体稳定与平衡状态的所有刺激。压力源可来自个体系统的内部也可来自外部，可独立存在也可多种因素同时存在。纽曼将压力源分为个体内压力源、人际间压力源和个体外压力源。

1．个体内压力源（intrapersonal stressor） 指来自个体内部，与个体的内环境有关的压力源，如悲伤、愤怒、疼痛、失眠、自尊紊乱、形象改变等。

2．人际间压力源（interpersonal stressor） 指来自于两个或多个个体之间的压力源，如夫妻关系、同事关系、护患关系紧张等。

3．个体外压力源（extra-personal stressor） 指来自于个体系统外，作用距离比人际间压力源更远的压力源，如环境陌生、经济状况欠佳、社会医疗保障体系的改变等。

（三）反应

纽曼认同“压力学之父”汉斯·塞利（Hans Selye）对压力反应的描述。在塞利提出的全身适应综合征、局部适应综合征和压力反应的三阶段学说的基础上，纽曼强调，压力反应不仅仅局限在生理方面，而是生理、心理、社会文化、发展与精神等多方面的综合反应，且并非所有压力都对机体有害，压力反应的结果可以是负性的，也可以是正性的。

（四）预防

护理的主要功能是控制压力源或增强个体防御系统的功能，以促进个体系统保持和恢复平衡与稳定，最终获得最佳的健康状态。纽曼认为护士可根据个体系统对压力源的反应，采取以下三种不同水平的预防措施。

1．一级预防（primary prevention） 是在个体对压力源产生压力反应前进行的干预，其目的是预防压力反应的发生。一级预防的重点是强化弹性防御线，保护正常防御线。主要措施可通过对个体系统的评估，识别环境中的压力源或危险因素，并采取措施来减少或消除这些危险因素，预防压力反应的发生或降低压力反应的程度。如预防接种、健康教育等。

2．二级预防（secondary prevention） 是在压力源已经穿过正常防御线导致机体发生压力反应时进行的干预，其目的是减轻或消除压力反应。二级预防的重点是强化抵抗线，保护基本结构。主要措施可通过早期发现、早期诊断、早期治疗来促进个体系统稳定性的恢复，如育龄妇女宫颈癌定期筛查。

3．三级预防（tertiary prevention） 是在经过积极有效治疗后，机体已经达到相当程度的稳定时，为能彻底康复，减少后遗症而进行的干预，其目的是帮助个体系统的重建，促进个体系统获得并维持尽可能高的稳定性和健康状态，防止复发。干预措施与一级预防有些类似，如出院指导、康复训练、院外随访观察等。

二、健康系统模式与护理实践

纽曼将健康系统模式与护理程序相结合，发展了以护理诊断、护理目标和护理结果为步骤的独特的护理工作程序。这一护理工作程序反映了系统论思想，纽曼认为系统进程和护理措施都是有目的、有方向的。

1．护理诊断 护士首先要对个体的基本结构、各防线的特征以及个体内、人际间、个体外存在的和潜在的压力源进行评估（表6-1），然后再收集并分析个体在生理、心理、社会文化、发展与精神各个方面对压力源的反应及其相互作用的资料。根据评估的结果，护士要分析并明确个体偏离健康的问题，作出护理诊断并排列优先顺序。

表6-1　纽曼评估表

评估项目	具体内容
A．一般资料	• 姓名　• 年龄　• 性别　• 婚姻状况　• 其他相关资料和信息
B．个体感知到的压力源	1．您认为目前影响您健康的主要压力源是什么？ 2．您目前的现状与您以往的日常生活方式有何不同？ 3．您以往是否遇到过类似情景？如果遇到过，是怎样的情景？您是如何处理的？是否有效？ 4．根据您目前的状况，您对您的将来作何种期望？ 5．您目前采取了何种措施，或您能够采取何种方法来进行自助？ 6．您期望医护人员、家属、朋友或其他人为您做些什么？
C．照护者感知到的应激源	1．您认为目前影响患者健康的主要应激来自什么方面？ 2．患者目前的现状与他以往日常的生活方式有何不同？ 3．患者以往是否遇到过类似情景？如果遇到过，是怎样的情景？患者是如何处理的？是否有效？ 4．根据患者目前的状况，患者对其将来作何种期望？

续表

评估项目	具体内容
	5．患者能够采取何种方法来进行自助？ 6．患者期望医护人员、家属、朋友或其他人为他做些什么？
D．个体内部因素	1．生理性因素：活动性、身体功能等 2．心理社会文化因素：态度、价值观、期望、行为特征、应对方式等 3．生长相关因素：年龄、认知发展程度等 4．精神信仰系统：例如希望等
E．人际间因素	可能或已经对个体内部因素造成影响的与家庭成员、朋友、照护者之间的关系
F．个体外部因素	可能或已经对个体内部因素、人际间因素造成影响的社区政策和设施、经济状况、工作状况等

2．护理目标 护士以保存能量，恢复、维持和促进个体稳定为总目标，与护理对象及家属一起，共同制订具体的护理目标以及为达到这些目标所采取的干预措施，并设计预期护理结果。纽曼强调应用一级、二级、三级预防原则来制订具体的护理干预计划。

3．护理结果 是护士对干预效果进行评价并验证干预有效性的过程。评价内容包括个体内、人际间、个体外的压力源是否发生变化，压力源优先顺序是否改变，机体防御功能是否有所增强，压力反应症状是否得以缓解等。通过对护理结果的有效性评价，进一步修订和完善护理计划。

第四节　莱宁格的跨文化护理理论

导入情景

患者，男性，48岁，美国人，博士学位，讲英语，信仰基督教，脾气急躁，独立性强，饮食习惯为西餐，喜食牛排、奶酪。现就职于某外资企业，高薪阶层，时间观念强，讲求效率。三周前因突发心前区阵发性绞痛入院，经冠状动脉造影等检查确诊为急性心肌梗死。查体：T 36.7 ℃，P70次/分，R 18次/分，BP 135/80 mmHg。现护理对象精神尚可，无其他不适主诉。目前病情基本稳定，计划后天出院。

工作任务：

1．用“日出模式”收集患者的资料。

2．对患者进行跨文化关怀护理。

迈德勒恩·莱宁格（Madeleine M · Leininger，1925-），美国著名跨文化护理理论家，在20世纪60年代提出跨文化护理理论。目标是根据护理对象的社会环境和文化背景，了解其生活方式、信仰、道德、价值观和价值取向，向护理对象提供与其文化相一致的高水平、全方位、多角度的有效护理。该理论既体现了护理的社会性，又将跨文化渗透到护理中，使护理学科得到进一步发展。

知识链接

莱宁格简介

迈德勒恩·莱宁格，跨文化护理理论学家。1925年生于美国布拉斯加州，1948年毕业于美国丹佛的圣·安东尼护士学校；1950年获尼迪克坦学院护理学学士学位；1954年获华盛顿大学人类学博士学位。至20世纪60年代，莱宁格总结出护理与人类学之间知识和科研方面的异同点，以及护理学与人类学的互补性，并由此撰写了第一本跨文化护理专著《护理与人类学：两个世界的融合》。此后相继出版了《跨文化护理：概念、理论和实践》《文化照顾的多样性与普遍性》等多部著作，使全球护理界广泛认识并开始应用跨文化护理理论。经过莱宁格的努力，美国人类学学会于1968年批准成立了护理人类学分会；1974年美国成立了国家跨文化护理协会，为人类护理关怀的发展及研究做出了重要贡献。

一、跨文化护理理论的内容

跨文化护理理论的重点是文化，中心是跨文化护理与人类护理关怀。莱宁格认为护理的本质是文化关怀，关怀是护理的中心思想和护理活动的原动力，是护士为护理对象提供与其文化相一致的护理照护的基础。

（一）基本概念

跨文化护理理论的基本概念有文化、关怀、文化关怀和跨文化护理，其中文化是重点，文化关怀是核心。这一系列概念，形成了跨文化护理理论的理论框架，并构成了跨文化护理理论的主要内容。

1．文化（culture） 是指不同个体、群体、机构通过学习、共享、传播、继承等形成的模式化的生活方式、价值观、信仰、行为标准、个体特征以及实践活动的总称。

2．关怀（care） 是指对丧失某种能力或有某种需求的人提供有效的、支持性的、方便的帮助，从而满足自己或他人的需要，促进健康，改善机体状况或生活方式，更好地面对伤残或平静地面对死亡的一种行为。包括一般关怀和专业关怀。

（1）一般关怀：一般关怀存在于日常生活之中，可以通过模仿、学习而得到，是人类具有天性的体现。

（2）专业关怀：专业关怀是一种有目的、有意义的专业活动，是在特定教育机构中学习，经过正规专业培训的保健人员提供的专业照顾或治疗服务。

3．文化关怀（cultural care） 是指为了维持自己或他人现有的或潜在的完好健康，应对伤残、死亡或其他状况的需要，用一些符合文化、可被接受和认可的价值观、信念和定势的表达方式，为自己和他人提供与文化背景相适应的综合性的帮助和支持，开展促进性的关怀行为。文化关怀具有统一性和多样性特点。

（1）统一性：又称文化关怀的共性，是指人们在对待健康、环境、生活方式或面对死亡过程中对关怀的意义、定势、价值及标志等方面具有共同性、一致性或相似性。

（2）多样性：又称文化关怀的差异性，是指文化内部或不同文化之间、某群体内部或群体之间、个体之间在关怀的信念、含义、模式、价值观、特征表现和生活方式等方面的差异性，从而衍生出不同的关怀意义、价值、形态和标志。

4．跨文化护理（transcultural care） 是指根据护理对象的社会环境和文化背景，了解护理对象生活方式、价值观、价值取向、道德及信仰，向其提供高水平、全方位、多层次和多体系的护理关怀，使其处于一种良好的心理状态，以利于护理对象的康复。跨文化护理包括以下方式。

（1）文化关怀保存：即帮助某特定文化背景下的护理对象保持其健康、疾病康复、应对伤残或死亡而采取的帮助性、支持性、促进性的专业文化行为和手段。

（2）文化关怀调适：即帮助某特定文化背景下的护理对象调整、适应不同的文化。

（3）文化关怀重建：指帮助某特定文化背景下的护理对象改变其生活方式，重塑新的、以利于其健康的不同的生活形态。

（4）与文化相匹配的护理关怀：指在满足护理对象的需要时，以文化背景和健康知识为基础，提供个体化或群体化的护理关怀，促进健康，积极面对疾病、勇敢应对残疾或死亡。

（二）日出模式

莱宁格指出以文化为基础的护理关怀是能够有效地促进健康、维持健康、恢复健康、减轻痛苦、安详死亡的关键因素之一。护理作为一个跨文化关怀专业，要对世界范围内不同文化背景下的个体或群体提供护理关怀，护理人员就必须具有跨文化关怀的相关知识和技能。莱宁格认为人类与其所处的文化背景、社会结构密不可分，通过不断的探讨和研究，莱宁格将跨文化护理模式的框架描述为“日出模式”（图 6-4），该模式包含以下四个层次。

1．世界观和文化社会结构层（第一层） 该层属于超系统，描述文化关怀世界观、文化社会结构及其组成因素。指导护士评估和收集影响护理对象关怀表达方式及关怀活动的因素。如生活方式、价值观、宗教、文化背景等。

2．文化关怀与健康层（第二层） 显示了不同文化背景下，应有的文化关怀形态以及文化关怀表达方式，解释个体、家庭、群体、社区或机构的健康、疾病、死亡的社会文化结构。不同的文化，对健康赋予的含义不同，第一层中文化社会结构的各种因素均影响和制约着其关怀形态。因此，提供与文化相适应的关怀，建立、促进或维持与文化相适应的健康，才是真正意义上的健康。

3．健康系统层（第三层） 包括一般关怀系统、专业关怀系统及护理关怀系统。阐述了个体、家庭、群体、社区或机构等不同系统的差异及其间的相互影响。通过描述每一系统的特征和独特的照顾特色，识别文化护理照顾的共性与差异。

4．护理关怀决策和行为层（第四层） 通过文化关怀保存、文化关怀调适、文化关怀重建三种方式，以文化背景和健康知识为基础，最大限度地满足护理对象的需要，提供与文化一致的有利于健康的、积极面对病残或死亡的护理关怀。其中对有益健康的文化，实施文化关怀保存；对不协调、无益健康的文化，采取帮助护理对象调整、适应不同文化的护理关怀；对与现有健康状况相悖的文化，采取帮助护理对象重塑新的、利于其健康的生活形态的护理关怀。

莱宁格用“日出模式”对跨文化护理理论进行了全面系统的解释，提示护理人员在护理实践中要考虑到护理对象文化的各个层面，综合考虑文化的差异，了解其文化观念和行为对健康的影响，为不同民族和不同文化背景的护理对象提供有效的个体化的护理保健服务。

二、跨文化护理理论与护理实践

跨文化护理理论的“日出模式”与护理程序基本一致，两者都描述解决问题的方法，只是“日出模式”强调要理解护理对象的文化，并具备有关文化的知识。在临床实践中，护士可根据“日出模式”的提示执行护理程序。从评估开始，收集护理对象与文化有关的资料，了解其有关文化的差异和共性，从而为护理对象提供有效的、适宜的文化关怀。

1．护理评估 主要了解与护理对象有关的文化方面的知识，包括“日出模式”的第一层和第二层。第一步：评估“日出模式”的第一层，即评估护理对象所处文化的世界观和文化社

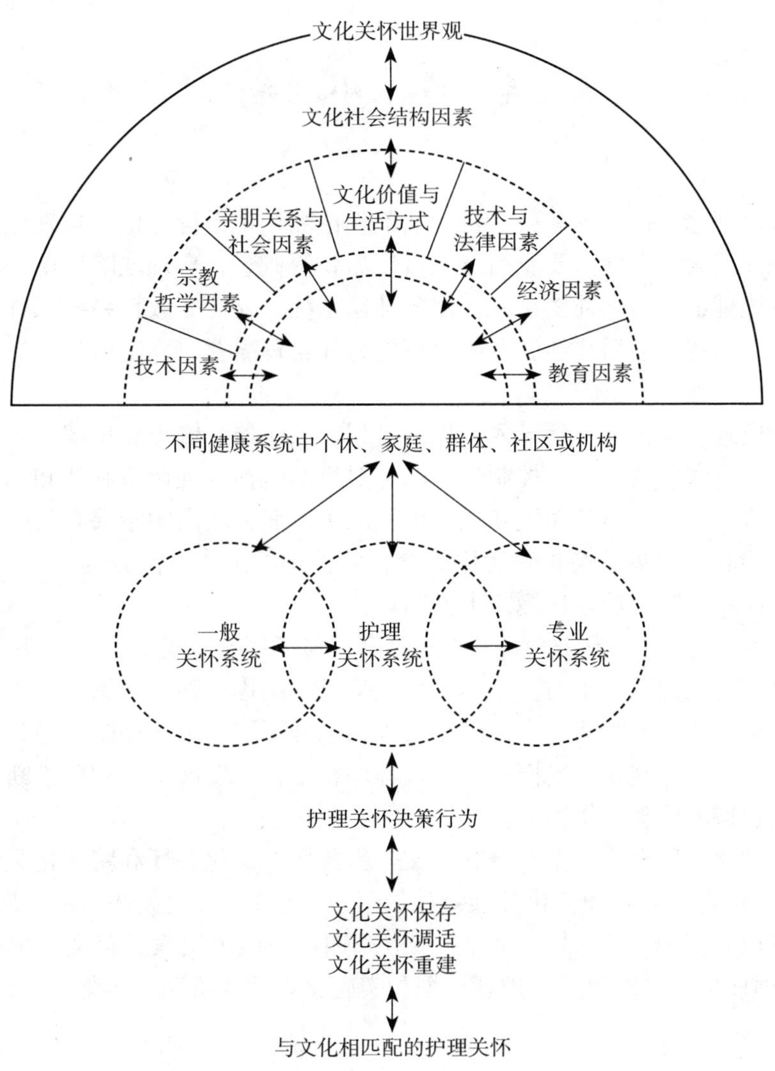

图 6-4　日出模式

会结构方面的知识和信息。第二步：评估"日出模式"的第二层，即评估护理对象的具体情境，了解其对一般关怀和专业关怀的期望及采取的行为。

2．护理诊断　相当于"日出模式"的第三层。通过鉴别和明确跨文化护理中的共性及差异，做出护理诊断。虽然同一类型的疾病在病理特征上具有相似性，但由于护理对象民族传统、社会环境的不同，对疾病的认识、症状的陈述、体征表现有一定的差异。因此，护士应根据不同对象的文化背景，密切注意护理对象的表达和陈述的方式。

3．护理计划和实施　相当于"日出模式"的第四层。完成护理诊断后，在护理关怀决策和行为层进行计划和实施，除了对共性问题进行护理关怀外，更应考虑用与其文化相适应的方式进行护理关怀，采取文化关怀保存、文化关怀调适、文化关怀重建等措施，提供与文化相匹配的护理关怀。

知识拓展：
不同文化中的禁忌与习俗

4．护理评价　对护理关怀进行系统性研究，明确何种关怀行为更符合护理对象的生活方式和文化习俗，以便提供有利于其身心健康的行为模式。

跨文化护理理论要求护士不但要有对护理对象实施护理的专业知识基础，更要考虑护理对象的文化背景、社会结构、世界观等影响因素，再分析、对比文化的共性和差异性，将文化因素渗透到护理过程中，体现护理的全面性、层次性及全程性。

本章小结

奥瑞姆的自理理论包括自理理论、自理缺陷理论和护理系统理论。自理理论包含自理、自理能力、基本条件因素、自理需要及治疗性自理需要等概念；自理缺陷理论是奥瑞姆自理理论的核心；护理系统理论包括全补偿系统、部分补偿系统、支持－教育系统三种护理系统。奥瑞姆的自理理论的应用主要包括评估患者的自理能力和自理需要、确定恰当的护理系统，制订护理计划，实施护理措施三个步骤。

罗伊的适应模式在结构上包括输入、控制过程、效应器、输出和反馈五个方面。其中输入部分包括刺激和适应水平两方面；控制过程的应对机制包括生理调节和认知调节；适应反应作用于生理功能、自我概念、角色功能和相互依赖四个层面；输出的结果有两种：适应性反应或无效性反应。罗伊将适应模式与护理程序结合，将护理的工作方法分为六个步骤：一级评估、二级评估、护理诊断、制订护理目标、干预和评价。

纽曼的健康系统模式重点叙述了四部分内容：与环境互动的人、压力源、个体面对压力源所作的反应以及对压力源的预防。个体系统包括基本结构、弹性防御线、正常防御线、抵抗线；压力源分为个体内、人际间、个体外压力源；三种不同水平的预防措施为一级预防、二级预防和三级预防。纽曼将健康系统模式与护理程序相结合，发展了以护理诊断、护理目标和护理结果为步骤的独特的护理工作程序。

莱宁格的跨文化护理理论的基本概念有文化、关怀、文化关怀和跨文化关怀，框架则描述为“日出模式”，包含世界观和文化社会结构层（第一层）、文化关怀与健康层（第二层）、健康系统层（第三层）、护理关怀决策和行为层（第四层）四个层次。跨文化护理理论的“日出模式”，包括护理评估、护理诊断、护理计划和实施、护理评价四个步骤。

测试题

A1 型题

1．奥瑞姆在自理缺陷理论中阐明了

A．什么是自理

B．人存在哪些自理需求

C．如何护理存在自理缺陷的个体

D．个体何时需要护理

E．如何评价个体的自理能力

2．环境中引起个体反应的直接原因，需要立即做出适应反应的刺激是

A．固有刺激

B．相关刺激

C．主要刺激

D．一级刺激

E．重要刺激

3．按照罗伊适应模式，一级评估是指

A．行为评估

B．刺激评估

C．环境评估

D．护理干预评估

E．预期目标评估

4．纽曼系统模式中，下列说法正确的是

A．弹性防御线变化的速度较慢

B．生活不规律可削弱弹性防御线的效能

C．抵抗线位于弹性防御线和正常防御线之间

D．弹性防御线距正常防御线越近，其缓冲、保护作用越强

E．压力源侵入抵抗线时，抵抗线被激活

5．纽曼提出了三个级别的预防措施，一级预防的目的是
A．防止复发
B．减轻和消除反应
C．防止压力源入侵正常防御线
D．恢复个体的稳定性
E．进一步维持个体的稳定性

6．文化护理理论的相关概念不包括
A．文化
B．关怀
C．护理关怀
D．文化关怀
E．跨文化护理

7．“日出模式”的第三层内容是
A．世界观
B．文化社会结构
C．文化关怀与健康层
D．健康系统层
E．护理关怀决策和行为层

A2 型题

8．张先生，60 岁，脑血管意外，昏迷不醒。根据奥瑞姆自理理论，护士提供的护理应属于
A．全补偿系统
B．部分补偿系统
C．支持系统
D．教育系统
E．辅助系统

9．某社区护士向其所管辖的居民，定期开展健康知识讲座，如婴幼儿预防接种知识等，根据纽曼健康系统模式，此种护理干预属于
A．一级预防
B．二级预防
C．三级预防
D．疾病治疗
E．健康宣教

10．患者，女，62 岁，既往糖尿病病史，近期由于与家人不和，拒绝使用胰岛素，因恶心、呕吐、多尿、意识不清入院。入院后经治疗血糖趋于稳定，出院前护士向其讲解糖尿病日常自我护理知识及并发症的预防，根据纽曼健康系统模式，此种护理干预属于
A．一级预防
B．二级预防
C．三级预防
D．疾病治疗
E．健康宣教

A3/A4 型题

患者，男，52 岁。入院前一天大量饮酒，餐后感上腹不适，1 小时后出现持续性中上腹痛伴阵发性加剧，遂来就诊，以“急性胰腺炎”收住入院。患者常在外应酬吃饭，饮食喜荤，喜饮酒。查体：T 39.5 ℃，P 98 次 / 分，R 30 次 / 分，BP 90/70 mmHg；精神萎靡，表情痛苦；腹软，中上腹明显压痛，无反跳痛。

11．患者在住院期间选择的护理系统是
A．完全补偿性系统
B．部分补偿性系统
C．支持 – 教育系统
D．护理程序
E．辅助系统

12．造成患者急性胰腺炎发作的主要刺激是
A．上腹不适
B．应酬
C．饮酒
D．吸烟
E．油炸食物

13．根据纽曼系统模式，此种护理干预属于
A．一级预防
B．二级预防
C．三级预防
D．疾病治疗
E．健康宣教

B 型题

（14 ～ 16 题共用备选答案）
A．自我护理理论

B．系统理论
C．适应模式
D．基本需要理论
E．健康系统模式

14．美国护理理论家奥瑞姆创建的理论是

15．美国护理理论家罗伊创建的理论是

16．美国护理理论家纽曼创建的理论是

（17 ~ 19 题共用备选答案）

A．老年痴呆
B．高血压病稳定期
C．急性心肌梗死急性期
D．肢体一侧偏瘫
E．手术恢复初期

17．符合完全补偿性系统实施的有

18．符合部分补偿性系统护理的有

19．符合支持－教育系统护理的有

（冷成香）

第七章　评判性思维与循证护理

学习目标

1．掌握评判性思维、循证护理的概念。
2．熟悉评判性思维的认知技巧、循证护理实践的方法。
3．了解评判性思维的特点、循证护理的发展及意义。
4．学会在护理工作中应用评判性思维和循证护理的方法解决实际问题。

随着社会的发展和医疗卫生技术水平的不断提升，护理工作涉及的范围及深度不断拓展，护士将面对更多复杂的临床现象及健康问题。学习科学的思维方法尤其是评判性思维、循证护理的知识和技巧，可以帮助护士在面对实际工作问题时，科学地进行判断、推理、决策和反思，对拓宽护士思维、有效解决护理实践中的复杂问题、提高护理服务质量方面有重要意义。

第一节　评判性思维

导入情景

李女士，40岁。因发现左乳房肿物2天入院检查。入院检查确诊为左乳腺癌，行左乳腺癌改良根治术。术后1天，晚上12点钟，护士小王巡视病房时发现李女士还未休息，小王走近李女士，问道："李女士，你有什么事情吗？"李女士说："我没事，谢谢！"但是，小王看到李女士的眼睛是红的，床旁有几张湿了的纸巾，枕巾也有点湿。小王轻轻握着李女士的手，说道："别担心，一切都会好起来的，早点休息。"李女士点点头，关灯睡觉了。

工作任务：

1．上述情景体现了哪种科学思维方法？
2．护士小王是如何思考和判断这种情况的？她的做法合适吗？

一、评判性思维的概念

（一）思维

思维（thinking）是人们接收信息、储存信息、加工信息以及输出信息的活动过程，是人对客观事物间接的、概括的反映，是人们认识客观世界的重要手段。思维过程是人对事物的本质特征及内部规律的认识过程，是概括地反映客观现实的过程。

从思维的本质来说，思维是具有意识的人脑对客观现实的本质属性、内部规律的自觉的、间接的和概括的反映。思维是认识的理性阶段，在这个阶段，人们在感性认识的基础上，形成概念，并用其构成判断、推理和论证。

1．思维的特征

（1）概括性：是思维最显著的特征，思维之所以能揭示事物本质和内在规律性关系，主要来自抽象和概括的过程，即思维是概括的反映。

（2）间接性：是指人们借助于其他事物或已有的知识经验对客观事物进行间接的认知。

（3）逻辑性：是指思维过程按照一定的形式、方法和规律进行，是一种抽象的理性认识过程。例如护士针对患者的问题，做出护理诊断或提出医护合作性问题。

（4）物质属性：思维是高度组织起来的物质即人脑的机能，当大脑发育不健全或疾病时个体常不能进行正常的思维。

2．思维的过程

（1）分析和综合：是最基本的思维活动。分析是指在头脑中把事物的整体分解为各个组成部分的过程，或者把整体中的个别特性、个别方面分解出来的过程；综合是指在头脑中把对象的各个组成部分联系起来，或把事物的个别特性、个别方面结合成整体的过程。分析和综合是相反而又紧密联系的同一思维过程不可分割的两个方面。没有分析，人们则不能清楚地认识客观事物，各种对象就会变得笼统模糊；离开综合，人们则对客观事物的各个部分、个别特征等有机成分产生片面认识，无法从对象的有机组成因素中完整地认识事物。

（2）比较和分类：比较是在头脑中确定对象之间差异点和共同点的思维过程。分类是根据对象的共同点和差异点，把它们区分为不同类别的思维方式。比较是分类的基础，比较在认识客观事物中具有重要的意义，只有通过比较才能确认事物的主要和次要特征、共同点和不同点，进而把事物分门别类，揭示出事物之间的从属关系，使知识系统化。

（3）抽象和概括：抽象是在分析、综合、比较的基础上，抽取同类事物共同的、本质的特征而舍弃非本质特征的思维过程。概括是把事物的共同点、本质特征综合起来的思维过程。抽象是形成概念的必要过程和前提。

（二）科学思维

1．科学思维的概念 科学思维（scientific thinking）就是人类在学习、认识、操作和其他活动中所表现出来的理解、分析、比较、综合、概括、抽象、推理、讨论等所组成的综合思维。

2．科学思维的形式

（1）逻辑思维：逻辑思维是运用概念、判断、推理、论证等形式对客观事物间接概括的反应过程，是科学思维最普通、最基本的形式。

（2）非逻辑思维：非逻辑思维包括形象思维和直觉思维。形象思维是在反映客观的具体形象或姿态的感性认识基础上，通过意向、联想和想象来揭示对象的本质及其规律的思维形式。直觉思维是不受某种固定的逻辑、规则约束，直接领悟事物本质的一种思维形式。

（3）创造性思维：广义的创造性思维是指创造过程中发挥作用的一切形式思维活动的总称，狭义的创造性思维是指提出创新思想的思维活动。

（4）数理思维：数理思维是指以数学为工具，用数学语言表达事物的状态、关系和过程，经推导、演算和分析以形成解释、判断和语言的思维方式。

（5）评判性思维：评判性思维是不断主动思考的过程，要求对已存在的思想进行合理审查，做出理性判断。在临床实践中运用评判性思维，可以帮助护士判断选择正确的信息，做出有利于服务对象的决策。

（三）评判性思维

1．评判性思维概念的发展过程 评判性思维（critical thinking），也译为批判性思维，20世纪30年代由德国法兰克福学派的学者提出。其中“critical”一词来源于希腊词“kriticos”，其意思是提出疑问、弄清本质，并加以分析、判断。

1964年，沃森和格拉泽认为，评判性思维是态度、知识和技能的综合体，它们包括质疑的态度，有效推断、分析、概括所应具备的知识以及应用这些知识的能力。

Kataoka 等学者认为，护理学科中的评判性思维是对护理问题解决方法的反思和推理过程，其中包括护理者的态度、技能、专业知识、经验及标准五个方面内容。

Adamas 认为，评判性思维是收集资料，创造性地提出护理诊断和干预措施，使护理计划个体化、精确化的逻辑思维过程。

20 世纪 80 年代，评判性思维被引入护理界并受到高度重视，被认为是高等护理教育毕业生应具备的能力。1987 年，美国哲学协会（American Philosophy Association，APA）认为评判性思维是一种有目的的、自我调控的思维判断过程，这种判断建立在对特定情境运用一定的标准，采用循证的、科学的方法进行分析、评价、推理、解释和说明的基础之上。这是各专业第一次对评判性思维提出的一个较为统一的定义。1989 年美国护理联盟在护理本科认证指南中将评判性思维作为衡量护理教育水平的一项重要指标。

20 世纪 90 年代初，国外护理教育家认为，评判性思维作为一种教育思维方式和教育价值观而存在，其本质是教育者对教育中司空见惯的现象及整个社会的文化系统应具有自省能力和建设性批判精神；同时包括培养学生评判性思维能力，鼓励学生参与批判性的讨论，对教材和教师的权威提出质疑。

广义的评判性思维是指发展和完善世界观并把它高质量地应用在生活、工作的各个方面的一种思维能力；狭义的评判性思维是指面对做什么或者相信什么而能做出合理决策的一种思维能力。其核心是提出恰当的问题并做出合理的论证的能力。

综上所述，评判性思维是指个体在复杂的情景中，能灵活地运用已有的知识及经验，对问题及其解决方法进行选择，识别假设，在反思的基础上进行分析、推理，做出合理判断和正确取舍的高级思维方式。从护理的角度，评判性思维是对临床复杂护理问题所进行的有目的、有意义的自我调控性的判断、反思、推理和决策过程。

2．评判性思维的构成　评判性思维主要由智力因素、认知技能因素和情感态度因素构成。

（1）智力因素：智力因素是指在护理评判性思维过程中所涉及的专业知识，护理学的专业知识包括医学基础知识、人文社会科学知识及护理学知识等。护士在护理实践中处理患者的健康问题时，专业知识越广泛，就越能周密思考患者的健康需要。如对需要进行永久性结肠造口的直肠癌患者进行术前准备指导时，护士不但要具备直肠癌患者术前准备的护理专业知识，还要具有人际沟通、伦理学、心理学等知识，遵循伦理原则，使用恰当的沟通技巧，结合患者的心理特点对患者进行术前准备的指导。

（2）认知技能因素：认知技能因素能够帮助个体在评判性思维过程中综合运用所需知识和经验，做出合理的判断。美国哲学协会提出评判性思维由六方面的核心认知技能组成，包括解释、分析、评估、推论、说明和自我调控。

解释（Interpretation）是对推理的结论进行陈述以证明其正确性。在解释的过程中，护士可以使用相关的科学论据来表述所做的推论。如某患者手术后第二天体温 38.2 ℃，患者无手术切口感染存在，护士可以用手术后的吸收热来解释该患者的体温升高，属于手术后的正常情况。

分析（analysis）是进行鉴别陈述，提出各种不同问题、概念或其他表达形式之间的推论性关系。如患者术后测体温 37.9 ℃，应分析体温升高的原因，是由感染还是其他原因导致的。

评估（evaluation）是对相关信息的可信程度进行评定，对推论性关系之间的逻辑强度加以评判。如对患者术后的体温升高与切口出现红肿的相关性进行评判。

推论（inference）是根据相关信息推测可能发生的情况，以得出合理的结论。如根据患者存在长期卧床、进食困难、尿失禁等情况，以推论该患者有发生压疮的危险。

说明（explanation）指解释和表达数据、事件、程序、判断、信仰或标准的意义及重要性，如向患者说明手术后进食蛋白质丰富的饮食对切口愈合的意义。

自我调控（self-regulation）是有意识地监控自我的认知行为，进行及时自我调整，如刚参加工作的护士通过主动向高年资护士请教工作经验来不断改进工作。

（3）情感态度因素：情感态度因素是评判性思维的动力，是指自觉运用评判性思维的态度、性格特征、思维习惯等。美国哲学协会1990年提出情感态度因素包括：寻找真相、开放思想、分析能力、系统化能力、自信心、求知欲和认知成熟度。谢弗（Scheffer）等的研究结果显示情感态度因素包括：自信心、问题情境性、创造性、适应性、求知欲、学术的正直性、直觉、思想的开放性、毅力和反思性。

评判性思维要求护士应具有以下主要的情感态度特征：

1）自信负责：自信是指个人相信自己能够完成某项任务或达到某一目标，包括正确认识自己运用知识和经验的能力，相信个人能够正确分析判断及解决服务对象的问题。护士有责任为服务对象提供符合护理专业实践标准的护理服务，对护理服务进行决策，并承担由此产生的各种护理责任。在护理措施无效时，也能本着负责的态度承认某项措施的无效性。

2）诚实公正：指运用评判性思维质疑和验证他人知识、观点时，也要用同样严格的检验标准来质疑、验证自己的知识和观点，客观正确评估自身观点与他人观点的不一致性，而不是根据个人或群体的喜好或偏见做出判断。在对问题进行讨论时，护士应公正听取不同方面的意见，注意思考不同的观点，在拒绝或接受新观点前要努力全面理解新观点。当与服务对象的观点有冲突时，护士应重新审视自己的观点，确定如何才能达到对双方都有益的结果。

3）好奇执着：好奇可以激发护士对服务对象的情况进一步追踪询问和调查，以获得护理决策所需要的信息。护士在进行评判性思维时应具有好奇心，主动进行调查研究，对服务对象的情况做深入的了解。护理实践中由于问题的复杂性，为了探求问题的本质，找到关键的解决办法，护士常需对其进行执着的思索和研究。这种执着的态度倾向使评判性思维者能够坚持努力，在遇到挫折时，也会努力寻求其他更多的资料，尽可能全面地把握问题，尝试不同的护理方法，直到成功解决问题。

4）谦虚谨慎：评判性思维者认识到在护理实践中会不断产生新的发现、新的证据，愿意承认自身知识和技能的局限性，希望学习、收集更多信息，根据新知识、新信息谨慎思考自己的结论。

5）独立思考、有创造性：评判性思维要求个体能够独立思考。在面对不同意见时，护士应该注意独立思考，在全面考虑服务对象情况、阅读相关文献书籍、与同事讨论并分享观点的基础上做出判断。独立思考对护理实践发展非常重要。评判性思维者在做出合理决策的过程中，也应该具有创造性。特定服务对象的问题常需要独特的解决方法，护士应用创造性的方法考虑服务对象的具体情况，以便能有效调动服务对象生活环境中的各种因素，促进服务对象健康相关问题的解决。

二、评判性思维的特点

1．主动思考的过程 评判性思维是对外界的信息、他人的观点或“权威”的说法，主动地运用知识和技能做出分析判断的思维过程，是经过独立思考，做出自己的判别，产生自己的见解的过程，有评判性思维能力的个体不会被动接受他人的信念。

2．质疑、反思的过程 评判性思维首先是质疑，通过不断提出问题，反思自己或他人的思维过程是否合理，客观判断相关证据，从而做出正确选择。

3．审慎开放的思考过程 在思考问题和解决问题的过程中，要求审慎全面地收集资料，进行科学的分析、推理，以寻求问题发生的原因和证据。审慎的同时要有高度的开放性，愿意听取和交流不同的观点，是公正、理性的思考过程，最终确保结论的客观、正确、合理。

总之，评判性思维是一种自主性思维，评判性思维者不会被动接受别人的意见，而是在科学的推理、分析、确定可信后才会接受。他们有自己的想法，不容易被操纵，不会盲目地听从他人。在护理工作中应用评判性思维，能够更好地评价和运用所获得的信息，有效地选择解决问题的方法，提高护士的社会交往能力，改进护理工作质量，促进护理专业的发展。

三、评判性思维在护理中的应用

（一）评判性思维常用的认知技巧

在应用评判性思维的过程中，护士应坚持合作、参议、探究、比较和激励等原则，具有独立思考、谦虚、勇敢、诚实、公正和努力探索的态度，从不同的视角去评判性地考察各种不同的观点，审慎地提出自己的看法。评判性思维常用到以下认知技巧：

1．评判性分析　指一个人在思维过程中提出一些问题以供评判和分析。例如，思考中心议题是什么、内在的设想是什么、证据是否确凿、资料是否足够、问题是否被确认、方法是否可行、结论是否准确、是否存在价值观冲突等问题，并找出这些问题的本质属性及彼此之间的关系。

2．推论　指从事实得出结论。例如，由血容量减少的事实可以得出血压可能会下降的结论。

3．区分事实与看法　事实是事情的真实情况，能被调查所证实；看法即信念或判断，这种信念或判断有时是符合事实的，有时却是错误的。

4．判断资料的可信度　是对那些反映价值或某些标准的事实或信息的可信度进行评价。

5．归纳推理　是由一系列具体的事实概括出一般原理的推理方法。例如，当观察到患者呼吸困难、口唇发绀、氧分压下降等一系列具体事实时，护士即可归纳出患者缺氧的一般性结论。

6．演绎推理　是由一般原理推断出关于特殊情况下的结论的推理方法。例如，护士运用奥瑞姆的自理理论，将患者的治疗性自理需要进行分类，确定某患者特有的健康需求，制订有针对性的护理措施，以便提供相应的帮助。

（二）评判性思维在护理程序中的应用

护理程序是临床护理中使用的系统性的解决问题的方法，评判性思维有助于护士在护理程序的各个步骤中做出更加合理的决策。护士的工作环境复杂多变，患者的健康状况处于不断变化之中，护理人员必须用评判性思维对患者的各种情况进行全面评估，通过严谨的分析思考，鉴别其现存的、潜在的健康问题，并对患者症状、体征及其他资料进行合理的逻辑推理与分析判断，最终做出正确的决策，并付诸实施。

评判性思维与护理程序之间存在着相互关联和相互依赖的关系，两者都包含处理问题、做出决断和进行创造性思考这三种内心活动，评判性思维的应用往往与护理程序相联系，贯穿于护理程序的各个环节。

1．护理评估阶段　护士需要进行可靠的观察、分析，区分患者的资料是否与健康问题有关，判断资料是否重要，整理和组织资料，核实资料，并根据护理概念框架或护理相关理论的概念进行正确的分类，这些活动均需运用评判性思维技巧。

2．护理诊断阶段　护士需要找出线索的类别和线索之间的关系，然后根据这些线索形成推论，推论得到证实后，形成诊断。

3．护理计划阶段　护士可以根据已具备的知识和经验，根据患者的情况，做出“可能的”或“有危险性的”护理诊断，并且合理地选择排列优先次序，为患者制订预期目标，即评价护理效果的标准；分析判断相关因素，根据相关因素制订护理措施。而形成评价标准、选择、解释、假设所选择的护理措施所进行的思维活动均为评判性思维技巧。

4．护理实施阶段　护士运用护理和相关学科的知识和原理为患者解决问题，这种“运用”

并非简单的“记忆”知识和原理的思维过程，它也是评判性思维过程。

5．护理评价阶段 护士通过观察等方法收集资料，并将所收集的资料与评价标准相比较，以判断预期目标是否达到，这种用标准来进行评价的方法也是评判性思维的过程。

（三）评判性思维在护理教学中的应用

培养学生评判性思维是护理教学中的重要研究课题之一，早期以独立开课的形式进行，近年来评判性思维的培养方式逐步融合在教学过程中。

传统的护理教学模式只是为了培养“熟练操作者”，限制了护士思维的发展；现代的护理观要求护士能够决策护理问题并选择正确的方法进行干预。因此，必须改进教育观念，在教学方法和评价体系中注重护生评判性思维能力的培养，以适应临床护理工作的需要。

在护理教学过程中，将评判性思维融入到常规教学中，在讲授知识的同时传授思考策略，鼓励学生积极参与课堂教学，主动思考、提出质疑、敢于争论并阐述自己的独立见解，营造有利于培养学生评判性思维的教学环境。在课堂教学过程中建立平等、民主的师生关系，给学生充分的自主权和选择权，使学生明确自己的学习需要，并参与到评价学习过程中。经过系统的学习并具备一定的知识和技能后，可进一步引导学生进行开放性、创造性的思考，进行多角度的训练。例如，根据病例进行情景模拟考试以培养和提高学生的评判性思维能力。

（四）评判性思维在护理管理中的应用

进行各种决策是护理管理者的重要职责，正确的决策是管理的重要保障。在护理管理中，评判性思维可以使护理管理者在决策过程中有效地对传统的管理思想、方法进行质疑，对各种复杂现象、事物进行分析、推理和判断，并最终做出恰当的决策。

（五）评判性思维在护理科研中的应用

护理科研是对护理现象进行探索和研究的过程，需要对各种观点、方法、现象等进行思考和质疑，在此基础上进行调查或实验，以充分的证据得出新观点、新方法、新模式。护理科研要求科研者能够有效运用评判性思维进行质疑、假设、推理和求证。评判性思维体现在护理研究的各个环节中，从选题、设计、研究方法的选择，资料的收集分析统计，到结果和结论的逻辑推理，每一步都需要运用评判性思维进行分析、推理、判断并做出正确的抉择。

评判性思维是护士在护理程序中判断问题和决定问题的思维过程。一个人的评判性思维能力与个人经验、伦理道德、美学修养、知识水平、自信心等存在密切关系。护理管理者要重视提高护理人员的评判性思维能力，高质量的护理服务才能得以实现。

第二节　循证护理

导入情景

刘女士，54岁，20天前因过马路遭遇车祸，造成颅脑损伤，急诊手术后转入神经外科，现患者生命体征虽稳定，但造成了全身瘫痪，遵医嘱留置导尿。该患者在留置导尿过程中，间断性从尿道口漏尿。

工作任务：

1．用循证理论分析漏尿的原因。

2．为该患者提供护理措施并找出措施的证据。

随着医疗护理标准的不断科学化、规范化，一些缺乏科学证据的护理实践已不适应临床护理实践的发展要求。在临床护理决策及护理服务实践标准逐步从经验指导转向经验、科学证据与患者意愿相结合的时代，护士应积极寻求证据来更新知识结构，增强解决问题的能力，为患者提供高效优质的护理。

20世纪90年代国际护理界将循证的方法引入护理学科的发展研究中，形成了循证护理（Evidence-Based Nursing，EBN）。循证护理的核心内容是运用现有的、最新的和最佳的科学证据为护理对象提供优质服务，为护理学的发展开辟新的前景，是一种新型的护理理念。

一、循证护理的相关概念

（一）循证护理的概念

循证护理，又名“实证护理”，可简单地理解为“遵循证据的护理”。具体可定义为在护理活动过程中，慎重地、准确地、明智地应用当前所能获得的最新的和最佳的研究证据，依据护理专业技能和多年来的临床经验，同时考虑护理对象的价值观、愿望和实际情况，将三者紧密结合，制订出完整的护理方案。

循证护理包含3个基本要素：①可利用的最适宜的护理研究证据；②护理人员的临床经验和实践技能；③患者的实际情况、价值观和愿望。

（二）循证护理的相关概念

1．证据（实证） 在《辞海》中，“实证”一词被定义为可以证明或推翻某一结论的证据、事实或信念。实证首先必须是可以被公众了解的现象，同时它还必须是获得公众的认同和接受的事实或原则。在“实证为基础的实践”中，“实证”指科研结果、临床经验、患者需求三者的有机结合。其中科研实证通过对相关的系统研究进行系统回顾获取。

2．随机对照试验（randomized controlled trials，RCT） 是将研究对象按照随机化的方法分为试验组与对照组，试验组给予治疗措施，对照组不给予欲评价的措施，前瞻性观察两组转归结局的差别。

3．系统评价/系统综述

（1）概念：针对某一具体的临床问题，系统而全面地收集已发表或未发表的相关临床科研结果，筛选出符合质量标准的文章，进行定性或定量合成，得出可靠的结论。同时，还应做到及时更新。

（2）传统的叙述性文献综述和系统评价的区别：二者都是对临床研究文献的分析和总结。传统的叙述性文献综述常常涉及某一个问题的多方面，如糖尿病的病因、发病机制、诊断、治疗、康复和预防措施等，也可以只涉及某一个方面的问题如治疗或预防措施；系统评价则集中研究一个十分具体的临床问题，如糖尿病的预防或康复。因此叙述性文献综述有助于了解某一问题的全貌，而系统评价则有助于解决某一具体问题。

一般综述是描述性的，目的是使读者在短时间内了解某一专题的研究概况和发展方向。而系统综述是以论著形式刊出的，有摘要、引言、方法、结果、讨论、结论等。目的是扩大样本量，消除系统误差和随机抽样误差。系统评价的方法大致分为两类：描述性合成和定量合成。定量合成所采用的方法为Meta分析。

4．Meta分析（Meta-analysis） 有学者将它译为“荟萃分析”“综合分析”等。

（1）概念：是对具有相同研究题目的多个研究进行综合分析的一系列过程。是将同一问题的多种研究结果合并进行定量分析的系统评价方法。

（2）Meta分析与系统评价的区别：Meta分析是用统计分析的方法将多个独立的、可以合成的临床研究结果综合起来进行定量合成。而系统评价并不意味着一定要对相关研究的结果进行定量合成，它可以是定性、也可以是定量系统评价，包含Meta分析。

（三）循证护理的证据分级

循证护理是以有价值的、可信的科学研究为证据，提出问题，寻找实证，并且运用实证，对患者实施护理。研究者一般将研究证据按其科学性和可靠性分为以下5级。

1级：强有力的证据，来自于一份以上设计严谨的随机对照试验（RCT）的系统评价。

2级：强有力的证据，来自于一份以上适当样本量、设计合理的RCT。

3级：证据来自于非随机但设计严谨的试验。

4级：证据来自于多中心或研究小组设计的非实验性研究。

5级：专家意见。

传统经验式护理中所注重的专家意见在循证护理中仍被作为证据来使用，但证据的级别较低。因此，护理人员在制订患者的护理计划时应将证据、经验和实际情况三要素有机结合起来，用现有的、最佳的研究证据去发现易被忽视、易危及患者生命的潜在的信息，同时拥有良好的专业技能和临床经验，对研究对象、研究方案、研究结果进行深入分析，并结合患者具体情况做出适当的判断和评价，对患者实施最佳护理。

二、循证护理的发展

20世纪70年代，英国流行病学家科克伦（Cochrane）认为，应将医护工作实践建立在合理的证据之上而非传统的主观经验之上。1991年加拿大学者盖亚特（Guyatt）提出了循证医学这一术语。1992年，在Cochrane的努力下，英国成立了全球第1个Cochrane中心，1993年正式成立了Cochrane协作网，旨在通过制作、保存和更新EBM研究中的系统评价，提高医疗保健干预措施的效率，帮助医护人员制订遵循证据的决策。

1998年加拿大与英国共同创刊了《循证护理杂志》(Evidence Based Nursing)，以传播循证护理研究成果，介绍循证护理实践经验，探讨循证护理实践方法等。1999年，中国华西医科大学附属第一医院加入了国际Cochrane中心，成立中国循证医学中心，为中国护理人员提供了掌握循证方法的各种机会和渠道。目前Cochrane协作网已发展了包括中国在内的13个国家15个分中心。

随着中国护理事业的发展，临床护理、护理科研和护理教育体系不断完善，以实证为基础的循证护理已经受到学术界和护理工作者以及政府部门的高度重视。积极探讨循证护理实践与研究，提出切实可行的对策，对促进中国循证护理的运用和发展，提高护理质量具有重要意义。

三、循证护理实施步骤

（一）实施循证护理的原则

循证护理的操作原则是根据可靠信息决定护理活动，实践循证护理应遵循的原则包括：

1．根据有关护理信息提出相应问题。

2．根据最优的信息资料和临床资料，搜索最佳证据。

3．评价各种证据的科学性和可靠性。

4．结合临床技能和患者的具体特点，将证据应用于临床实践。

5．评价实践后的效果和效率并进行改进。

（二）循证护理的实施步骤

一个完整的循证护理程序是由五个基本步骤组成：即提出问题；检索有关文献；分析与评价研究证据；应用证据；实践反馈，对应用的效果进行评价。

1．提出问题　提出问题是循证护理实施的第一步，包括实践问题和理论问题。实践问题是指由护理实践提出的对护理行为模式的疑问，理论问题是指与实践相关的前瞻性的理论发展，一般情况下实践问题和理论问题是难以区分开的。寻找临床实践中的问题，必须将问题特定化、结构化，即以一个能够回答或解决的问题提出来，如留置导尿管气囊中灌注哪种物质时留置效果更好。护理人员构建问题的重要性主要表现在：所提问题应从护理对象的直接需求寻找证据；关注自己所从事的护理实践方面的实证材料；可以帮助指导高效的证据收集策略；能形成一种有用的回答问题时可采用的模式；能指导学生形成终身性学习的模式。

2. 检索文献，列出证据 循证护理研究证据的获取途径有：①质控的数据和被普遍承认的有效模型；②明确的试验终点；③随机对照试验研究的数据；④评价护理措施对整个人群的康复与预防的研究；⑤通过严格的Meta分析（又称荟萃分析）、决策分析等对证据原文献进行系统评价。根据临床实践中的问题进行系统的实证文献检索，在尽可能广泛的范围内检索有关文献，寻找解决问题的最好研究证据，并列出相关证据。如通过查询相关文献数据库，系统寻找国内外关于观察气囊导尿管在留置导尿术中，气囊内不同灌注物与尿管脱出的关系，得出正确的结论是3天以上留置导尿者，导尿管气囊内注入生理盐水为佳，能有效地固定尿管，避免尿管脱出；3天以内留置导尿者气囊内注入生理盐水或空气均可。

3. 分析与评价证据 护士应用评判性思维的方法对查找到的证据进行分析，运用流行病学和循证医学评价文献的原则，严格评价研究证据。评价的方法包括：①系统评价法（systematic review，SR）：是目前世界上常用的评价方法，即全面收集所有相关临床研究并逐个进行严格评价和分析，必要时进行定量合成的统计学处理，得出综合结论的过程。系统评价法又分为描述性合成和定量合成，定量合成所采用的方法为Meta分析。②其他：对证据原文献进行评价，决策分析、成本－效益分析等方法。

检索到的原始文献是进行系统评价的基础，对科研证据的有效性和推广性，必须采取临床流行病学和循证医学中评价文献质量的原则和方法进行审慎评审，这是循证护理的关键环节。高质量的研究会使结果更接近真实，能很快以不同途径进行传播；低质量的研究在系统评价就可能得出错误的结果，更谈不上进行传播。

4. 应用证据 将所获得的科研证据与临床专业技能和临床经验、护理对象的愿望和实际情况结合起来，即将科研证据转化为临床证据，并根据临床证据做出符合护理对象需要的护理计划，实施该护理计划。如关于观察气囊导尿管在留置导尿术中，气囊内不同灌注物与尿管脱出的关系，将得出的正确结论应用到临床护理工作中，从而使有证据的研究结果进一步得到补充和完善。

5. 评价效果 通过以上具体的实践活动，评价应用证据后的效果。循证护理是一个动态发展过程，须在实施后评价证据应用后的效果。采取自评、同行评议、评审等方法监测临床证据的内在真实和外在真实的实施效果，在文献评价的过程中，更强调对内在真实性的评价。值得注意的是循证护理并不仅仅利用系统评价后的护理文献就可以作为制订护理计划的依据，还应利用医院现有的各种仪器、诊断、治疗、监护等客观指标作为制订护理计划的依据，并根据临床客观指标对护理效果进行评价。评价效果有助于护理研究质量的提高，促进循证护理的进一步发展。

四、循证护理的意义

（一）循证护理对护理实践的影响

开展循证护理将护理研究和护理实践有机地结合起来，使护理真正成为一门以研究为基础的专业，证明了护理对健康保健的独特贡献，并支持护士寻求进一步的专业权威和自治，鼓励护士掌握科学的研究方法，进一步深入研究专业急需解决的问题，为临床实践提供指南，改变了临床护士以经验和直觉为主的习惯和行为。

因此，开展循证护理的实践研究，有利于提高护理工作质量，增强护理研究的科学性，丰富护理学独特的理论体系，促进护理事业的健康发展。

（二）循证护理对护理管理的影响

开展循证护理使护理管理面临新的挑战。英国利物浦大学的凯妮（Cainne）和肯瑞克（Kenrick）在护理管理者推行循证护理的角色研究中，通过对临床护理管理者在预算、分配、目标和政策制订等方面的调查表明，临床护理管理者如果试图用职位和组织权威来促进循证护理的实践必将面临着失败。他们认为，护理管理者的领导方式应变革为：具有远见、有批判性分析能力、善于认识下属、注重激励下属的创造力、敢于授权部下等。由此可见，护理管理者应从传统的管理模式转变为新的管理模式，遵循循证护理实践规律，促进其发展。

（三）循证护理对护理教育的影响

此外，开展循证护理使护理教育也面临新的挑战。应用循证护理，护理教育者在教与学的决策中，在课程的设置、教学方法和教学环境中应使学生转变观念，运用评判性思维对现存的实践模式进行重新评价，利用所学知识和最新信息大胆探索，善于运用最佳研究证据来解决实际问题，在将来的护理实践中不断改进护理质量。评判性思维同时也要求护士通过学习护理以外的知识来扩大知识面，培养综合分析问题的能力，适应多变的情况和特点，利用最新方法更有效地解决实际问题。

（四）循证护理对患者的意义

循证医学教育不仅局限于医护人员，还应包括对患者和健康人群的循证医学的宣传教育。随着经济文化建设的飞速发展，人们的生活水平、个人素质逐渐提高，人们要求更好、更安全的医疗卫生服务，即使在边远的山区或护理发展落后的国家，循证护理也能促使护士以最新、最科学的方法，为患者提供标准化的、经济的护理服务。以科学为依据的护理还可增加患者对治疗的依从性。在实践过程中护士应由浅入深地给患者讲解有关循证护理知识，使患者理解和接受，并自觉地遵循治疗和护理原则，更好地促进患者恢复健康，更好地体现循证护理的优越性。同时，强调与患者和家属的沟通，充分听取患者及家属的意见和要求，让患者及家属选择有效又经济的护理服务，满足患者需要。

（五）循证护理对医疗卫生行业的影响

目前循证医学已成为医疗领域发展的主流，循证护理与护理问题有机地结合，使护士以最新、最科学化的方法实施治疗方案，加强了医护间的协调，可在医护合作问题上取得较好的效果。循证护理的理念将科学与技术结合起来，为成本效益核算提供了依据，要求医护人员在制订及实施医护治疗方案时考虑医疗成本，从而提高护理工作质量和卫生资源配置的有效性。这有利于控制医疗费用的过快增长，具有显著的卫生经济学价值。

本章介绍了评判性思维和循证护理的相关概念、特点、步骤和对护理的意义，在循证护理实践中，面对复杂的临床情景时，护士应运用现有的最好的证据，进行评判性思维，结合护理专业知识和临床护理经验、患者需求三方面的情况，做出正确的护理决策，选择正确的护理方法，为患者提供个体化的服务。

A1 型题

1．思维最显著的特征是
A．逻辑性
B．间接性
C．物质属性
D．概括性
E．直接性

2．下列不是评判性思维的特点的是
A．主动思考
B．质疑
C．反思
D．审慎开放
E．被动接受

3．评判性思维的核心目的是
A．诊断推理
B．质疑反思
C．临床决策
D．鉴别诊断
E．演绎推理

4．不属于护士评判性思维核心认知技能的是
A．解释
B．分析
C．评估
D．推论
E．猜测

5．根据相关信息推测所得出的结论是
A．分析
B．解释
C．推论
D．说明
E．自我调控

6．对推理的结论进行陈述以证明其正确性是
A．分析
B．解释
C．推论
D．说明
E．自我调控

7．循证护理中研究者将研究证据一般按照
A．科学性可靠性分级
B．护理对象的愿望分级
C．研究者的方便分级
D．证据确定的时间先后分级
E．推广范围大小分级

8．关于循证护理错误的是
A．首先明确需要解决的问题
B．收集相关证据很重要
C．核心思想是接受现有的专业知识
D．应该选择及使用其中最有效的证据
E．循证护理由六个步骤组成

9．下列哪项不属于循证护理的基本要素
A．最佳证据
B．护士临床经验
C．评判性思维能力
D．患者实际情况和愿望
E．护士临床技能

10．循证护理的证据分级“非随机但设计严谨的试验”属于
A．1 级
B．2 级
C．3 级
D．4 级
E．5 级

11．实证必须是
A．可探知和了解的
B．卫生医疗保障
C．可以被公众了解的现象
D．可探知的和可认同的
E．公众都说的

12．循证问题包括
A．实践中的疑问
B．实践中的理论问题
C．所有可疑问题
D．临床中的理论问题
E．实践和理论问题

13．循证护理临床实践要求遵循的基本步骤，首先是
A．全面收集有关研究证据
B．严格评价研究证据
C．针对患者提出临床问题
D．将研究结果进行应用
E．实施患者的临床护理

14．循证护理中，研究者通常将证据按其科学性和可靠程度分为5级，其中2级证据指
A．强有力的证据，来自于一份以上设计严谨的RCT系统评价
B．证据来自于非随机但设计严谨的试验
C．证据来自于多中心或研究小组设计的非实验性研究
D．专家意见
E．强有力的证据，来自于一份以上适当样本量、设计合理的RCT

15．循证护理中，研究者通常将证据按其科学性和可靠程度分为5级，其中4级证据指
A．强有力的证据，来自于一份以上设计严谨的RCT系统评价
B．证据来自于非随机但设计严谨的试验
C．证据来自于多中心或研究小组设计的非实验性研究
D．专家意见
E．强有力的证据，来自于一份以上适当样本量、设计合理的RCT

A2型题

16．患者李先生，因车祸骨折入院，护士巡视病房时，发现患者伤口部位渗血较多、面色苍白、皮肤湿冷，由此判断患者血压可能会下降。该护士运用的是评判性思维的哪种认知技巧？
A．评判性分析
B．推论
C．区分事实与看法
D．归纳推理
E．演绎推理

17．患者常先生，因外伤造成尿失禁，需要留置导尿管，为选择最佳更换导尿管的时间检索有关文献，属于循证护理的
A．提出问题
B．检索文献，列出证据
C．分析与评价证据
D．应用证据
E．评价效果

18．张女士，甲状腺结节手术后，护士为该患者实施循证护理首先要做的是
A．提出护理问题
B．详细收集相关证据
C．现有的技能和经验
D．应选择性应用证据
E．必须评价证据应用后的效果

A3型题

外科病房，某一天下午，护士长带领全科护士首次学习循证护理的相关内容，并要求大家以后在给患者实施护理活动时，以实证为基础为其提供最佳的护理方案。

19．首次接受循证护理新理念的护士应
A．得心应手
B．非常困难
C．流于形式
D．新的挑战
E．提出质疑

20．护士在实施分析与评价证据时的关键环节是
A．评价证据效果
B．审慎评审
C．找出临床证据
D．提出问题
E．文献综述

（孙运粉）

第八章　临床路径

学习目标

1．掌握临床路径的概念和内涵、开展临床路径的基本步骤。

2．熟悉开展临床路径的基本条件、临床路径的变异处理、临床路径的特点、实施临床路径的意义、临床路径与整体护理的关系与发展。

3．了解临床路径的产生与发展、临床路径的理论基础。

4．能正确开展临床路径。

5．具有严谨、认真、慎独的工作态度，具有整体护理的观念，能够关爱、体贴患者。

临床路径（clinical pathway）是近年发展起来的一种新型的医疗服务模式，是按病种设计最佳的医疗和护理方案，以缩短平均住院日、减少医疗费用支出、节约医疗资源为特征，根据病情合理安排住院时间和费用，从而减少一些不必要、不合理的诊疗行为，增强了诊疗活动的计划性。临床路径一方面符合市场经济的要求，有利于医院在当前激烈的医疗市场竞争面前处于优势地位；另一方面，它能够有效地降低医疗成本和有效运用资源，符合中国当前的卫生改革政策；同时，由于临床路径提供了标准化的诊疗过程并对其实行持续监测和定期评估，有利于医疗服务质量的控制和持续改进。因此，学习、研究、应用临床路径，对提高医疗质量、降低医疗费用、合理利用医疗资源、提高医院的整体实力，具有十分现实和重要的意义。

第一节　概　述

导入情景

李某，男，46 岁，因右腹股沟区可复性包块 1 年入院，医生经检查诊断为“腹股沟斜疝”，医生和护士共同设计了临床路径表，并按照临床路径表，认真做好治疗和护理工作，经过 5 天精心治疗和护理后，患者康复出院。

工作任务：

1．正确认识临床路径。

2．能说出临床路径的内涵。

一、临床路径的产生与发展

路径的概念最早起源于工业生产管理，是用来控制产品生产过程中的关键阶段。通过质量的持续改进以提高企业产品的质量，排除在生产过程中造成产品质量偏离标准的因素，消除不合格产品。在生产过程中具有控制成本与控制时间的双重能力，是管理各关键步骤的一种高效率工具。

临床路径的概念起源于美国。20世纪70年代早期，美国高速发展的医疗技术和政府按照服务项目收费的医疗体制及政府补偿医疗费用的管理模式，加上人们对健康生活与长寿的期望以及不断增加的慢性疾病和老年人口等因素，导致医疗高费用和健康服务资源的不适当或过度利用，使其医疗费用超过了国民经济生产总值的12%。1983年美国国会颁布了联邦“社会安全法规修正案”，裁定用“预先支付系统（PPS）”为国家医疗保健体系受益人补偿医院的医疗费用支出。所有参与国家医疗保健体系项目的医院都必须采用这个预先支付系统。其基础是由耶鲁大学研发的“诊断关联群（diagnosis related groups，DRGs）”，即利用疾病诊断、手术处置、并发症的有无、年龄、性别、出院状况等作为分类变项，将临床处置类似且资源耗用相近的病例归类分组，在多因素考量并参数化的基础上，经过一系列计算，得出DRGs中的每种疾病政府应支付的诊疗价格标准和标准住院天数，无论患者在医院用了多少经费和住院多少天，医院只能收到由诊疗价格标准规定的固定费用，患者超支部分的经费由医院补贴。反之，如患者未用完政府按诊疗价格标准规定的固定经费，节余经费亦归医院所有。是以“同病同治、同病同酬”为核心概念的医疗费用支付制度，其基本原则是根据疾病严重程度的标准和医疗护理强度的标准，政府只对医院提供的适当的临床健康服务项目补偿医疗费用，以调控医院临床服务的适当性，控制过度利用。因此，医院只能改变内部结构和运作方式，不断寻求提高医院的营运效率、提高医疗服务质量、降低医疗成本的措施。

知识链接

诊断关联群（DRGs）概述

DRGs（diagnosis related groups）中文翻译为（疾病）诊断关联群，它根据患者的年龄、性别、住院天数、临床诊断、病症、手术、疾病严重程度，合并症与并发症及转归等因素把患者分入500～600个诊断相关组，然后决定应该给医院多少补偿。DRGs是当今世界公认的比较先进的支付方式之一。DRGs的指导思想是：通过统一的疾病诊断分类定额支付标准的制定，达到医疗资源利用标准化。有助于激励医院加强医疗质量管理，迫使医院为获得利润主动降低成本，缩短住院天数，减少诱导性医疗费用支付，有利于费用控制。在实施的过程中，许多国家发现了其进一步的优点：有效地降低了医疗保险机构的管理难度和费用；有利于宏观预测和控制医疗费用；为医疗质量的评估提供了一个科学的、可相互比较的分类方法。

美国波士顿的新英格兰医学中心的研究表明：低劣质量的医疗服务往往与不合理、不规范的临床治疗行为有关，推行了当时取名为关键路径（critical pathway）的标准化医疗服务模式后，明显改进了医疗效果。美国许多医院通过全程管理推出了一系列有效的措施，在降低医疗费用的同时，保证服务对象在整个医疗过程中所需要的医疗服务，出现了管理式健康照顾（manage health care），指由一位或一组人员针对服务对象与其家属的需要，协调最合适的、全程的和有时间性的健康服务计划，有效地运用资源并保证服务品质的个别服务管理模式。这一体系包括了评估、计划、执行、协调、监督和评价等，通过选择医疗服务，满足患者健康需求，应用交流和可得到的治疗措施来达到高质量而收费又合理的医疗护理服务。

20世纪90年代，临床路径迅速在美国、英国、澳大利亚等发达国家推行。随后，新加坡、中国台湾、中国香港等医院也相继实施了临床路径。临床路径被视为20世纪90年代以来医学临床实践的重大变革之一。

随着中国医疗卫生事业的发展，以患者为中心的整体医疗与整体护理正在作为一种先进的服务理念广为应用。如何进一步体现以人为本的思想，保证患者所接受的治疗项目精细化、标准化、程序化，减少治疗过程的随意化，提高医院资源的管理和利用，加强临床治疗的风险控制，实现高质量、高效率、低费用的医疗服务。原中华人民共和国卫生部于2009年12月8日明确提出：在全国范围内遴选50家试点医院启动临床路径，2010年1月—2011年10月组织开展试点实施。

二、临床路径的概念和内涵

临床路径是运用医学、管理学、社会学、经济学、成本学以及心理学等现代科学知识，研究如何对患者采取最有效的康复路径，缩短患者的治疗过程，提高医疗服务质量。它是管理式健康照顾体系中的个案管理工具，是将医疗保险功能、医疗资源和实际的医疗服务结合在一起的一种服务体系，是一个具体的工作方法和模式。

临床路径的名称有多种叫法，路径（critical）、关键路径（critical pathway）、照护图示（care map）、协作照顾（collaborative care）、整体照顾（integrated care）等。在中国最常用的是临床路径。目前比较公认的概念有：

临床路径是指医生、护士和其他专业人员共同制订的针对某个诊断或手术所做的最适当、有顺序和时间性的整体服务计划，以减少康复的延迟和资源的浪费，使服务对象获得最佳的照顾服务。

临床路径是医疗卫生机构的一组成员共同制订的一种照顾模式，它使患者从入院到出院都按一定模式接受治疗护理。

临床路径是针对某一个病种（或手术），以时间为横轴，以入院指导、诊断、检查、用药、治疗、护理、饮食指导、教育、出院计划等理想护理手段为纵轴，制订标准化的治疗护理流程（临床路径表），其功能是运用图表的形式来提供有时间的、有序的、有效的照顾，缩短住院周期，加强临床治疗的风险控制，以提高质量和控制经费，提高医疗资源的管理和利用，是一种跨学科的、综合的整体医疗护理工作模式。

临床路径在其发展过程中有不同的定义，但其内涵基本相同，即它是对某一疾病或手术有周密计划的流程，是针对某一疾病或手术建立一套标准化治疗模式与治疗程序，是以循证医学证据为指导来促进疾病治疗和疾病管理的方法，最终起到规范医疗行为，减少变异，降低成本，提高医疗质量的作用。其共有的内涵包括了“多专业的协调合作”“预期结果的制定”“服务的时限”“服务的连续性”“持续的服务品质改进”等。

三、临床路径的理论基础

（一）团队理论

临床路径的实践是一项集体的活动，是由多专业相关人员组成的稳定的有序组织，在活动中各专业技术人员既分工明确，又相互依赖，实施临床路径过程中各类人员都是不可缺少的一部分，依据这种团队合作关系按照时间、功能或者其他某种顺序严密组成而运作起来。团队全部人员必须步调一致沿着路径指示图实现预先制定的共同目标，团队中任何一个环节出现问题都将影响到全盘计划的实施与实现。

（二）病例计酬

病例计酬实质上分为两种：前瞻性付费方式（保险公司为某种疾病预先规定了最高住院费用）；回顾性付费方式（患者住院花了多少经费，最后结账付多少费用）。前瞻性付费方式较回顾性付费方式更有计划、科学、合理。病例计酬是在综合分析与调查的基础上，经过一系列计算，得出某种疾病诊断与治疗的价格标准，无论患者住院多少天和用了多少医疗资源，医院只能按这个规定的价格收取医疗费用，超支的部分将由医院自己承担，节余的部分归医院所有。这样，一方面杜绝了医院在市场经济中不正当竞争，另一方面则有力推动了医院内部运行机制的改革，不断改进医疗服务质量，不断提高医疗技术水平。

（三）品质管理与优化

临床路径的宗旨之一是高品质服务。所谓高品质即是指工作的优劣程度而言。医疗服务的品质是指直接反映医院工作内涵的标准，它是一个综合性指标。在实现管理目标时，必须把抽象的指标具体化，变成直观形象的内容，才具有可操作性。因此，必须从大量的、复杂的、繁琐的临床医疗护理工作中筛选出那些最能体现医疗护理工作本质的内容，这些内容就是影响医疗护理工作质量的因素，即影响临床路径高品质的因素。故促使临床路径实施者加强品质的管理与优化，制定一系列品质管理措施和改进品质的方式方法，以不断改进和提高医疗服务质量。

（四）循证理论的应用

开展临床路径必须遵循实证的原则，实证即遵循证据的过程。临床路径运用循证理论与护理程序的方法，强调评估与评价，而评估与评价离不开对事实结果的测量以及能反映事物本质的证据即实证，应用循证医学不断对临床路径工作进行评价与改进。由此可见，循证理论在临床路径的应用充分体现了临床路径的科学性和严谨性，是医学科学发展的重要途径。

（五）资源共享论

资源包括两个方面的含义，一是资源的客观存在性，二是资源的作用。医疗资源是指一切与医疗服务活动有关的人力、财力、物质、信息、技术等资源。临床路径的开展使医疗资源得以合理分配，并能合理有效地管理与利用医疗资源。临床路径的实施不仅仅表现在它能节约医疗资源，减少资源的浪费，而且表现在临床路径通过一种高品质、低费用的医疗服务能有效地开发一些潜在的医疗需求，变潜在的医疗需求为现实医疗消费，在使更多的患者得到医疗服务的同时，也使医疗资源得到全面而充分的利用。

（六）服务对象中心论

临床路径始终坚持以服务对象为中心的宗旨，这一服务对象可以是个体的人，也可以是群体。临床路径与整体医疗、整体护理的思想是一致的，它强调以人为中心，其着重点是整体的人，包括人的生理、心理以及社会、文化、精神等各方面。它不仅要求重视疾病的治疗、康复护理、生活护理等，而且要求医务人员更重视患者的心理状态、精神变化、社会环境的影响以及疾病的预防与保健等。临床路径以其周密、严谨和程序化的诊疗护理体系确保了以服务对象为中心的整体观念的实施，促进了医疗服务的高品质进程。

（七）工业工程的标准化原理

国际标准化组织对标准的定义是：标准是由一个公认的机构制定和批准的文件。它对活动或活动的结果规定了规则、准则或特性值，供共同和反复使用，以实现在预定领域内最佳秩序和效益。依据标准化的对象，“物”“事”或“人”，一般分为技术标准、管理标准和工作标准三类。工作标准是对标准化领域中需要协调统一的工作事项所制订的标准，它的对象是“人”的工作、作业、操作或服务的程序和方法。标准化则是对实际与潜在的问题做出统一规定，供共同和反复使用，以在预定的领域内获得最佳秩序和效益的活动。工业工程离不开标准化，标准化是工业工程一项重要的基础性工作。标准化活动过程的结果是标准。

任何组织活动都是利用一定的工具或设备，通过人的脑力和体力劳动，将“原材料”加工成“产品”的活动。所以，组织若要实现经济的发展或进步，离不开“工具或设备”“材料”“人”三个要素。只有将三者合理连接和利用，才能实现最佳经济效益。其中，人是最为重要的因素。所以企业管理要重点关注的就是人的管理。尤其是多人进行同一项工作时，要善于发现不合理或不均衡的因素，并将其修正或减除，最终提高工作效率。20 世纪初，工业工程鼻祖泰勒则在这个过程中通过时间观测法制定科学作业标准，有效地提升工作质量。可见，运用工业工程标准化方法和技术，实现标准作业法的时间定量化，从而取得更大的经济效益。以工业工程标准化理论为基础，推广到临床护理实践当中，护理人员掌握标准化操作方法，使用标准化工具、材料，可增加服务质量和效益。

（八）戴明循环理论

戴明循环理论，是在全面质量管理基础上发展的计划 – 执行 – 检查 – 处理（plan-do-check-action，PDCA）4 个管理环节，简称戴明循环或 PDCA 循环。其中：

知识拓展：
临床路径的概念

P（plan）：采用“5W2H”（why；what；who；where；when；how；how much）分析法，通过集体讨论或思考，确定某一行动或某一系列行动的方案。“计划”是整个循环的起点和基础。

D（do）：按照计划去实施。“执行”是循环中的主体，是整个循环成败的关键。

C（check）：比如到计划执行过程中的控制点、管理点去收集信息，检查计划执行得怎么样，有没有达到预期的效果或要求，找出问题点。“检查”在循环理论中有控制的作用。

A（action）：对检查的结果进行处理，认可或否定。成功的经验要加以肯定，使之模式化或者标准化并加以推广；失败的教训要加以总结，以免重现。此循环未解决的问题置于下一个循环。可见，“处理”是使循环得以自我完善的重要阶段。

第二节　临床路径的实施

导入情景

于某，女，25 岁，病案号：23418。

入院时间：2014 年 5 月 25 日。

主诉：因转移性右下腹痛伴恶心呕吐一天入院。

现病史：患者一天前无明显诱因下突发脐周部胀痛不适，伴恶心呕吐，呕吐为胃内容物，无寒战高热，无腹泻，黄疸等症，后疼痛转移至右下腹，呈持续性胀痛，伴恶心。末次月经：2014 年 5 月 10 日。在家自行口服“胃药”，无缓解。入院体检：T 37.5 ℃，双巩膜及皮肤未见明显黄染，心肺听诊阴性。腹部检查：右下腹压痛、反跳痛明显，腹肌紧张。血常规：WBC 12×10^9/L。入院后急诊行“阑尾切除术”，术中证实“阑尾炎”。

工作任务：

1. 请为该患者开展临床路径。
2. 正确处理实施临床路径过程中发生的变异。

一、开展临床路径的基本步骤

1. 确定病种　由临床路径推行小组确定何种疾病、何种手术做临床路径。基本原则主要为：临床排位靠前并兼顾平均费用；以急性病为主，兼顾手术和非手术科室；诊断明确，变异性较小；病种分布相对比较均匀。

2. 制作临床路径表　采用作业流程分析法对确定的病种进行回顾性调查，从中分析出该病种的入组标准、排除标准、出院标准、住院天数、标准流程、可能发生的变异处理方法等。

然后采用科学数据分析法，确定出病种的合理平均天数，并严格按照时间顺序，逐日制订出经过循证和专家共同认可、符合病种特性的检查、治疗（包括手术）、护理、康复等项目的标准工作流程，并以表单的形式加以规范。同时制作患者版临床路径、知情同意书等各种配套的组织、管理制度及科室之间的工作流程等。

3．组织专家论证 组织各学科的医师、护士、麻醉师及药师等，对各种临床路径表和配套文件进行讨论修改。

4．实施临床路径 严格按照单病种临床路径表单执行，特别要注意记录分析病种的变异情况，具体方法如下。

（1）进入临床路径必须充分尊重患者的意见：医务人员应将路径图中医疗护理项目以及明确的医疗护理目标告知患者，让患者完全了解自己的病情发展与转归，同时也需向患者及其家属解释清楚，说明路径有时会有不可预料的情况发生，而且临床路径也需要根据病情变化而修改。向患者做充分的说明，签署知情同意书，取得患者的同意与支持。

（2）选择开展临床路径的团队人员：由于实施临床路径要求医务人员具有以患者为中心的服务理念，要求护士具备护理程序的实践能力，还要求医、护人员具有团结、协作的精神。因此，在医护配合较好的整体护理模式病房开展临床路径是最佳的选择。

（3）确定预期目标、建立评价标准：临床路径有严格的时间限制，明确住院患者的住院天数、医疗费用、检查、治疗和护理等项目。每班次的医务工作人员必须按照当日临床路径内容，观察患者的病情变化，分析病情发展，实施相应的临床操作，开展卫生宣教、健康教育等。此外，建立临床路径的评价标准，包括工作效率、经济指标、医疗和护理质量、患者满意度和医务人员满意度等项目。

（4）资料的收集与记录：进入临床路径的患者均应有临床路径的记录与编号，医务人员应严格按照临床路径程序图完成每日每班的工作，并如实客观地做好记录。

（5）阶段评估与分析：根据临床路径实施效果进行客观地评估，目的是评价预期效果，不断地进行服务品质改良。对患者健康状况的预期目标实现过程进行阶段性评价，加深医务人员对临床路径的认识，并为进一步科学地制定临床路径提供依据。评价必须由临床路径推行小组成员、患者和家属共同完成。患者是临床路径的接受者，只有得到患者和家属的配合，临床路径才能顺利实施，所以患者或家属的反映与感受是评价临床路径是否适用的重要依据。

5．总结修改、完善提高 针对执行临床路径过程中出现的新情况进行总结和修改，研究解决对策，完善临床路径表单。

开展临床路径，人员培训是不可缺少的重要内容，需要对医护人员进行回顾性调查、统计学分析、循证医学应用等专业知识培训，保证临床路径管理正确实施。

二、开展临床路径的基本条件

（一）医院领导高度重视和支持

临床路径在医院推广与开展之前，必须得到医院领导的重视和支持。院长或业务院长必须召开科主任会议，科主任必须牵头和参与讨论，分析各临床科室开展临床路径的可行性。在医院院长与科主任达成共识之后，制定开展临床路径的计划，使临床路径沿着计划逐步落实与实施。

（二）思想动员与培训

在推行临床路径之前，应对临床路径的重要性、临床路径的概念、临床路径的特点及应用临床路径的价值给予大力宣传，以获得各部门人员的理解、支持和配合。确定开展临床路径，需进行全员培训，改变观念、统一思想、领会临床路径的精神与实质、培养骨干力量等。成立临床路径推行小组（或临床路径专家委员会），对全院职工进行广泛深入的临床路径的相关教育培训，其成员包括护理部、医务科、质控科、药剂科、后勤支持部门、财务科收费记账部门、放射科、特检科、电脑管理中心、病历管理等部门和科室。临床路径的推行涉及医院的各个部门，需得到各部门人员的大力支持和配合。

三、临床路径表单举例

表8-1　急性左心衰竭临床路径

适用对象：第一诊断为急性左心衰竭

患者姓名：________　性别：________　年龄：________　门诊号：________　住院号：________

住院日期：____年__月__日　出院日期：____年__月__日　标准住院日 7 ～ 14 天

发病时间：____年__月__日__时__分　到达急诊时间：____年__月__日__时__分

时间	到达急诊科30分钟内	到达急诊科30-120分钟
主要诊疗工作	□ 完成病史采集与体格检查 □ 描记 18 导联心电图并对其作出评价 □ 生命体征监测，完善检查 □ 对急性左心衰竭作出初步诊断和病情判断 □ 向患者家属交代病情	□ 心内科专科医师会诊 □ 持续心电监测 □ 无创血压监测 □ 血氧饱和度监测 □ 完善检查 □ 进一步抢救治疗 □ 尽快收入监护病房住院治疗
重点医嘱	长期医嘱： □ 持续心电监测 □ 无创血压监测 □ 血氧饱和度监测 临时医嘱： □ 描记 18 导联心电图 □ 血气、血常规、心肌损伤标志物、电解质、肝肾功能、血糖 □ 静脉应用利尿剂	长期医嘱： □ 心力衰竭常规护理 □ 特级护理 □ 重症监护（持续心电、血压和血氧饱和度监测等） □ 吸氧 □ 卧床 □ 记 24 小时出入量 临时医嘱： □ 调整血压药物 □ 快速房颤者纠正心律失常药物 □ 吗啡 3 ～ 5 mg iv（酌情） □ 拍床旁胸片 □ 做床旁超声心动图 □ 纠正水电解质和酸碱平衡紊乱
主要护理工作	□ 协助患者或家属完成急诊挂号、交费 □ 入院宣教 □ 静脉取血	□ 心力衰竭护理常规 □ 特级护理
病情变异记录	□无 □有，原因： 1.	□无 □有，原因： 1. 2.
护士签名		
医师签名		

时间	住院第1天	住院第2天	住院第3～4天
主要诊疗活动	□ 上级医师查房 □ 制订下一步诊疗方案 □ 完成病历书写 □ 完成上级医师查房记录 □ 进一步完善检查 □ 对各系统功能做出评价 □ 密切观察生命体征	□ 上级医师查房 □ 完成上级医师查房记录 □ 根据病情调整诊疗方案 □ 复查有关检查	□ 上级医师查房 □ 完成上级医师查房记录 □ 根据病情调整诊疗方案 □ 心力衰竭常规治疗 □ 复查电解质
重点医嘱	长期医嘱： □ 心力衰竭常规护理 □ 特级护理 □ 重症监护（持续心电、血压和血氧饱和度监测等） □ 吸氧 □ 卧床 □ 记录24小时出入量 临时医嘱： □ 利尿剂 □ 扩血管药 □ 升压药（必要时） □ 纠正水电解质和酸碱平衡紊乱 □ 抗心律失常（必要时） □ 抗菌药物（必要时） □ 复查血气、电解质	长期医嘱： □ 心力衰竭常规护理 □ 特级护理 □ 重症监护（持续心电、血压和血氧饱和度监测等） □ 吸氧 □ 卧床 □ 记录24小时出入量 临时医嘱： □ 复查床旁胸片（酌情） □ 复查电解质 □ 用药同前 □ 完善有关检查如尿常规、大便常规、凝血功能、D-二聚体等	长期医嘱： □ 心力衰竭常规护理 □ 特级护理 □ 重症监护（持续心电、血压和血氧饱和度监测等） □ 吸氧 □ 卧床 □ 记录24小时出入量 临时医嘱： □ 复查床旁胸片（酌情） □ 复查电解质 □ 用药同前，根据情况调整
主要护理工作	□ 心力衰竭常规护理 □ 特级护理 □ 静脉取血	□ 心力衰竭常规护理 □ 特级护理	□ 心力衰竭常规护理 □ 特级护理
病情变异记录	□无 □有，原因： 1. 2.	□无 □有，原因： 1. 2.	□无 □有，原因： 1. 2.
护士签名			
医师签名			

时间	住院第5～6天	住院第6～13天	住院第7～14天（出院日）
主要诊疗工作	□ 上级医师查房 □ 完成上级医师查房记录 □ 根据病情调整诊疗方案 □ 心力衰竭常规治疗 □ 病情稳定者可转普通病房	□ 上级医师查房，根据病情调整诊疗方案，评估治疗效果，判断可否出院 □ 完成上级医师查房记录 □ 心力衰竭常规治疗	□ 通知患者和家属 □ 通知住院处 □ 向患者交代出院后注意事项，预约复诊日期 □ 完成病历书写 □ 将出院记录副本交给患者 □ 如果患者不能出院，在病程记录中说明原因和继续治疗的方案

续表

时间	住院第5～6天	住院第6～13天	住院第7～14天（出院日）
重点医嘱	长期医嘱： □ 心力衰竭常规护理 □ 一级或二级护理（转入普通病房后） □ 吸氧（必要时） □ 重症监护（持续心电、血压和血氧饱和度监测等） □ 卧床 □ 记录24小时出入量 临时医嘱： □ 复查床旁胸片（酌情） □ 复查电解质 □ 利尿剂 □ 扩血管药（必要时） □ 升压药（必要时） □ 纠正水电解质和酸碱平衡紊乱	长期医嘱： □ 心力衰竭常规护理 □ 二级护理 □ 卧床或床旁活动 □ 普食 □ 心力衰竭常规治疗 临时医嘱： □ 复查床旁胸片（酌情）	出院医嘱： □ 注意事项 □ 出院带药 □ 门诊随诊
主要护理工作	□ 心力衰竭常规护理 □ 一级护理 □ 根据病情可转入普通病房	□ 心力衰竭常规护理 □ 二级护理 □ 出院准备指导	□ 出院宣教 □ 协助办理出院手续
病情变异记录	□无 □有，原因： 1. 2.	□无 □有，原因： 1. 2.	□无 □有，原因： 1. 2.
护士签名			
医师签名			

表8-2　终末期肾病的临床路径

适用对象：第一诊断为终末期肾脏病　行自体动脉－静脉内瘘成形术

患者姓名：________　性别：________　年龄：________　门诊号：________　住院号：________

住院日期：____年__月__日　出院日期：____年__月__日　标准住院日 10 ～ 14 天

时间	住院第1天	住院第2～7天	住院第3～8天（手术日）
主要诊疗工作	□ 询问病史及体格检查 □ 完成病历书写 □ 上级医师查房与术前评估 □ 初步确定内瘘建立部位和日期 □ 向患者及其家属或委托人交代病情	□ 上级医师查房 □ 完成术前准备与术前评估 □ 根据彩超检查结果确定手术方案 □ 完成必要的相关科室会诊 □ 完成病历书写 □ 签署手术知情同意书、自费用品协议书 □ 向患者及家属交代围术期注意事项	□ 手术 □ 术者完成手术记录 □ 住院医师完成术后病程记录 □ 上级医师查房 □ 向患者及家属交代病情及术后注意事项

续表

时间	住院第1天	住院第2～7天	住院第3～8天（手术日）
重点医嘱	长期医嘱： □ 肾脏病护理常规 □ 二级护理 □ 低盐优质低蛋白质低磷低嘌呤饮食 □ 患者既往的基础用药 临时医嘱： □ 血常规、尿常规、大便常规 □ 肝肾功能、电解质、血糖、血脂、血型、凝血功能、感染性疾病筛查、铁代谢、iPTH □ 胸片、心电图、超声心动图 □ 双上肢动脉、深静脉彩超 □ 浅静脉DSA、MRA或CTA（必要时）	长期医嘱： □ 肾脏病护理常规 □ 二级护理 □ 低盐优质低蛋白质低磷低嘌呤饮食 □ 患者既往基础用药 临时医嘱： □ 术前医嘱： 1）常规准备明日在局麻下行上肢动脉－静脉内瘘成形术 2）药品及物品准备 □ 备术前抗菌药物 □ 其他特殊医嘱	长期医嘱： □ 自体动脉－静脉内瘘成型术后护理常规 □ 一级或二级护理 □ 低盐优质低蛋白质低磷低嘌呤饮食 □ 明日恢复因手术停用的药物 □ 抗菌药物 临时医嘱： □ 其他特殊医嘱
主要护理工作	□ 介绍病房环境、设施和设备 □ 入院护理评估	□ 宣教、备皮等术前准备	□ 观察患者病情变化 □ 术后心理与生活护理
病情变异记录	□无 □有，原因： 1. 2.	□无 □有，原因： 1. 2.	□无 □有，原因： 1. 2.
护士签名			
医师签名			

时间	住院第4～9天（术后第1日）	住院第5～10天（术后第2日）	住院第10～14天（出院日）
主要诊疗工作	□ 上级医师查房，注意病情变化 □ 住院医师完成病历书写 □ 注意观察体温、血压、动脉－静脉内瘘部位血管杂音等	□ 上级医师查房 □ 住院医师完成病历书写 □ 换药	□ 上级医师查房，进行手术及伤口评估，确定有无手术并发症和切口愈合不良情况，明确是否出院 □ 完成出院记录、病案首页、出院证明书等 □ 向患者交代出院后的注意事项
重点医嘱	长期医嘱： □ 自体动脉－静脉内瘘成型术后护理常规 □ 一级或二级护理 □ 低盐优质低蛋白质低磷低嘌呤饮食 □ 患者既往基础用药 临时医嘱： □ 止痛（根据情况） □ 抗菌药物（根据情况）	长期医嘱： □ 自体动脉－静脉内瘘成型术后护理常规 □ 二级护理 □ 低盐优质低蛋白质低磷低嘌呤饮食 □ 患者既往基础用药 临时医嘱： □ 换药	出院医嘱： □ 出院带药 □ 门诊随诊 □ 拆线

续表

时间	住院第4～9天（术后第1日）	住院第5～10天（术后第2日）	住院第10～14天（出院日）
重点护理工作	□ 观察患者病情 □ 术后心理与生活护理 □ 指导术后患者功能锻炼	□ 观察患者病情 □ 术后心理与生活护理 □ 指导术后患者功能锻炼	□ 指导患者办理出院手续
病情变异记录	□无 □有，原因： 1. 2.	□无 □有，原因： 1. 2.	□无 □有，原因： 1. 2.
护士签名			
医师签名			

（引自：原卫生部实施临床路径表）

四、临床路径的变异处理

（一）变异的概念

患者在住院期间不一定都能按照预先设计好的路径接受诊疗和护理，可能会出现一些偏离标准临床路径预定设置的程序的情况。为此，将个别患者在假设的标准中出现偏差或在沿着标准临床路径接受医疗照护的过程中有所变化的现象称为变异。

（二）变异的分类

1．根据变异性质分类

（1）正性变异：指可以促进患者的疾病转归，缩短住院天数或减少住院费用的现象。对于这一类变异要分析其合理性，作为完善路径的依据。

（2）负性变异：指可导致患者治疗时间延迟，最终使住院天数或住院费用增加的现象。对于此类变异应详细分析其成因，采取相应措施及时纠正，避免再次发生。

2．根据变异来源分类

（1）与医院系统相关的变异：与医院系统相关的变异即偏离标准临床路径的变异是由于医院系统的各个部门之间沟通、协调发生障碍，或者物质、设备突然出现故障等原因所造成，以致患者不能按路径要求如期达到预期目标。

（2）与医务人员相关的变异：①与医务人员职业道德相关的变异：医务人员应严格遵守职业道德，工作严肃认真，精益求精，如果作出不符实际的虚假病情报告，凭经验给患者下达治疗方案等，会发生误诊误治。在执行患者的各项治疗时不遵守各项基本医疗制度，可能出现错误用药，使患者偏离标准临床路径，造成人为的临床路径变异。②与医务人员技术水平相关的变异：如果患者能迅速得到明确的诊断、积极的治疗以及妥善的护理，病情将得到迅速的控制，甚至能产生比临床路径所预期的目标更好的效果。如果医务人员技术水平低，不仅会增加患者的痛苦，而且会给疾病的康复带来困难，使患者偏离临床路径所预定的程序。③与医务人员的服务态度和沟通交流技巧相关的变异：如医务人员对待患者的态度热情和蔼，对患者的痛苦关心、体贴，能使患者对医院、对医务人员产生信赖感，从而能发挥患者的主观能动性，使患者主动与医务人员交流和沟通，医务人员能从与患者的交流中尽快得到患者病情变化的第一手资料，并能及时了解病情，修正路径，以便寻找更好的能早日达到预期目标的捷径。

（3）与患者有关的变异：①与患者个体差异有关的变异：患者的个体差异包括用药、

治疗、体质因素等方面。例如某患者对青霉素具有高度过敏性，在做皮试时即发生过敏性休克；又如某患者对洋地黄具有高度过敏性，当只应用常规剂量时即产生中毒反应等。对于这些因素，在制定和实施临床路径时要将患者的特殊个性问题考虑进来，密切观察。发现个体差异带来的变异时应及时处理和修正临床路径。②与患者心理状态相关的变异：良好的心理状态、乐观向上的情绪将对疾病的康复产生正面的效应，促进疾病的康复。相反，不良的心理状态、消极低沉的情绪将对疾病的康复产生负面效应，即导致疾病康复延迟，甚至加重病情。患者的心理状态直接影响到疾病的预后，也可导致临床路径过程中出现变异。

（4）其他原因引起的变异：包括由于患者的不合作、家庭经济原因以及社区服务不到位等所致的变异。例如，一个下岗职工生活遇到暂时的困难，又遭疾病的打击，也许会失去治疗疾病的信心，或者干脆放弃治疗，因而导致临床路径的无效和终止。又如来自社区方面的原因，如恢复期的患者要转入社区服务机构继续进行功能锻炼或康复治疗，如果社区医疗服务机构不健全，一时难以承担患者出院后的康复期医疗护理服务，也会导致临床路径中住院时间延长的变异。

3．根据变异发生时间分类 ①入院前变异：入院前检查未完善，急诊入院等；②住院期间变异：如床位紧张、患者配合程度低、出现并发症等；③出院变异：即提前或延迟出院；④出院后变异：如疾病复发等。

4．根据变异管理的难易程度分类 可以分为可控变异和不可控变异。可控变异的发生是不合理的，可以通过相应措施加以制止和杜绝，医护人员和医院系统原因造成的变异多属于此类。不可控变异的发生具有一定合理性，如患者特殊需求和疾病变化等原因引起的变异多数属于不可控的范畴。可控变异是变异分析的重点内容，也是医院路径管理的主要对象。

（三）变异的处理

对于临床路径图中任何程序所出现的变异要科学地分析。医务人员首先应以积极严谨的态度，以整体的观念全面考虑患者的情况，特别是对个体方面的差异应作详细的考量。在路径实施过程中，医务人员应发挥团队精神，各团队成员应各司其职，各负其责，共同承担起教育者、协调者、实施者的角色，以最大限度地减少医院系统及与医疗服务人员相关的原因给患者带来的负性变异。一旦出现负性变异，医务人员应迅速分析其原因，修正已出现的变异，并尽快地使患者回到标准路径中来。

1．记录变异 患者在进入临床路径后发生了变异，偏离了临床路径的有关情况，应记录在有变异编号的记录单上。变异编号可根据本科室情况预先设定，如将本科室常见的变异“术前呼吸道感染”编号为1号，“术后呼吸道感染”编号为2号，“检验或特检项目不及时”编号为3号等，设置变异编号有利于电脑操作和查找，便于对变异分类和总结，有利于品质改良。

在变异记录中，必须强调实事求是，记录必须真实、准确、简明扼要。如因为某种原因，出现了某种问题，使疾病达不到临床路径预期的结果，则应在变异栏内对出现变异的原因进行分析，详细记录做了什么处理、处理后的结果等，最后签名，写上日期。对发生变异的问题应进行详细的描述，让实施临床路径的团队成员能了解该患者究竟出现了何种变异，并且每个人都应思考出现变异的原因，寻找解决、修正变异的方法。

2．咨询与讨论 对于临床路径中出现的复杂而特殊的变异，主管医师应组织专家会诊。对一般的临床变异，临床路径小组各系统相关成员应定期召开讨论会，探讨变异的原因，提出处理意见，提出该变异的最佳修正方法。

3．分析与整理

（1）分析变异对原发病是否有影响：如患者所出现的变异是积极的变异（正性变异），则原发病可能尽快地稳定并迅速好转。反之，如所出现的变异是消极的变异（负性变异），则提示原发病可能加重，应立即寻找原因和解决的方法。

（2）分析变异对正常临床路径是否有影响：在实施临床路径过程中，如发生了变异，医务人员应全面分析，了解该变异对标准的路径有无影响。因为，正性变异可促进患者沿着路径程序提前达到预期目标；负性变异则可阻碍路径程序的顺利实施，使之不能达到或者不能按期达到预期目标。此时，通过分析变异，修正变异，可逆转负性变异为正性变异，使变异赋有积极的临床意义。

（3）分析变异对患者预期目标是否有影响：正性变异可缩短患者的住院天数，减少医疗费用；负性变异不仅延长患者的住院日期，增加医疗费用，还可导致医疗资源的浪费和医疗成本的提高。为此，根据患者个体差异，医务人员应充分发挥自主权，具体情况具体分析，合理用药，合理检查，以最大限度地降低医疗费用，并使患者尽早康复。

总之，医务人员应科学而全面地分析变异原因，结合客观实际，依据科学的论据与论断，找出解决变异的最佳措施，不断修改、完善临床路径。

五、临床路径的特点

临床路径是一种新型的医疗护理模式，它以加速疾病康复，减少医疗资源的浪费，减少经费支出为宗旨，同时，又能有效地提高工作效率，提高医疗技术水平。其服务品质高，参与人员多，系统性强，需要有高度的群体氛围和效率意识。因此，临床路径具有如下特点：

1．各种疾病均有标准住院天数的设定 临床路径是一种事先设计好的疾病康复路径图，此图是经过医护人员仔细地调查、核准，经医疗专家科学论证并经多学科组成人员共同商讨制定的。在临床路径图中不仅对疾病康复过程中患者可能出现的问题有全面准确的分析和科学合理的治疗护理计划，而且界定了患者的标准住院天数。例如，在美国，急性阑尾炎手术患者的标准住院天数界定为 5 天；剖宫产手术标准住院天数界定为 6 天，即在标准住院日内预期患者可望得到康复，促使患者沿着康复较快捷的途径达到最佳的康复。

2．预期目标 / 结果的设定 临床路径为疾病的发展与转归界定了一个正性的方向和结果，即疾病的发展沿着临床路径所进行的一系列的诊疗、护理活动达到一个预期的目标。临床路径的所有参与者包括医务人员和患者所做的一切都是围绕着预期目标而进行的。

3．时限性 临床路径具有很强的时限性，路径中时限的要求和规定是经过反复的科学的实践与论证，是疾病恢复的最佳途径，不仅表现在对住院天数的界定上，而且表现在完成各项医疗服务的时限要求上。它对于某一项医疗措施或者护理计划或者检验项目的完成，其时间均有严格的规定。

4．团队精神 实施临床路径特别强调团队精神，这个团队是由多专业人员如医师、护士、药剂、医技以及后勤等人员形成的组合体，强调各专业之间的协作和团结，在专业人员的共同劳动中，团体意识和团队精神是基础。在设置临床路径中的各项服务项目（如医疗、护理、检查、检验、营养等）时，各专业人员已达成共识，这些服务项目的完成和预期目标的达到只有依靠团队中每个人的努力才能获得成功，团体内的每一个部门都缺一不可。

六、实施临床路径的意义

1．降低医疗费用，培养营销理念 临床路径为疾病治疗提供了最有效、最便捷的标准，强化了医务人员营销意识。各项研究均显示其能有效缩短住院天数，降低医疗费用，减少资源浪费。

2．遵循循证医学，提高医疗护理质量 临床路径的制定离不开循证医学，循证医学与临床路径相辅相成，使其具有较强的科学性。同时临床路径的计划性、系统性最大限度地防止了医疗缺陷的发生，保证了医疗护理质量。

3．促使多学科合作，深化整体医疗护理 临床路径是跨学科的全方位的工作模式。它是一种详实的流程计划书，包括了患者生理、心理、社会、文化等各方面需要，内容涉及临床、护理、药剂、营养各学科。因此，它具有连续性、合作性、全方位性的特点。临床路径方案的设计者和实施者都应在整体观念的指导下实施，充分发挥团队精神，满足各层次需要，以整体的护理带动整体医疗的发展。

4．有利于健康教育的实施和新进人员的培训 临床路径表单是常见病多发病的诊治计划，其中包括了医疗目标、预期效果、具体措施、实施时间，均有利于患者及家人对疾病的了解，也是健康教育内容的重要部分。它还可以作为学习的资料，促进新进人员的培养。

5．增加医疗透明度，减少医疗纠纷 医学是一门专业性很强的学科，形成的医患关系常以被动接受为主。随着社会发展，人们对医疗服务也提出了透明消费的新要求。临床路径将诊治过程清楚地、预见性地提出，让患者及家属有了更多的自主选择权，变被动接受为主动参与。这种平等关系有利于医患的思想交流、情感沟通，最大限度地减少了纠纷的发生，增加了医患满意度。

6．规范医疗记录，减少病历书写时间 临床路径表单以时间为序，列出了同种疾病的共同诊疗步骤，它的制定具有规范性，实施后只需做简单的记录，不必重复书写，增加了直接医疗时间，充分体现了以患者为中心的服务宗旨。

7．分析变异，促进质量改进 临床路径可以用来监控医疗过程，及时发现和解决问题。实施过程中将与预期结果不同的变异进行整理分析，用变异分析和成本效益对临床路径进行实用性评价，促进质量改进，完善临床路径。

七、临床路径与整体护理的关系与发展

随着当今社会的发展和医学科学的不断进步，医务人员为患者实施整体护理已不仅仅意味着为患者提供全方位的医疗护理服务，让患者康复。而是将尽早康复和尽可能少的医疗费用作为医疗护理服务的最终目标，于是产生了一种新的管理模式——临床路径。

整体护理把人视为一个整体，从生理、心理、社会、文化、精神等方面考虑人类存在的或潜在的健康问题，并通过护理程序来解决这些健康问题。整体护理的成果不仅在于引导和推崇了一种新的护理理念，更表现在找到了一种妥善解决健康问题的思维与工作方法，即护理程序。护理程序是经过有系统地收集资料、分析组织资料、确立服务对象的健康问题，并根据病情的急迫性和严重程度依序处理，为服务对象提供及时的护理照顾，最后根据护理的预期目标，评价护理目标是否达到。如此循环往复，使服务对象始终有计划地得到最佳护理照顾。

临床路径是在遵循循证医学的基础上，对患者的诊疗护理日程进行科学有序的安排，设定住院医疗护理流程图，依据每日标准诊疗、护理计划提供医疗护理服务，它具有时间性和顺序性，它要求护士必须具备护理程序的实践能力。因此，护理程序不仅是整体护理的实践基础，也是临床路径的基本框架。整体护理与临床路径之间存在着互相促进，互为提携的关系，临床路径是深入开展整体护理的一种有效手段。

知识链接

知识拓展：开展临床路径的基本步骤

知识拓展：临床路径实施流程图

临床路径的影响

临床路径的实施，可以减少护士进行文书记录的时间，提高其工作效率，同时由于护理活动的程序化和标准化，护理项目也不会被遗漏。它的引进与应用，“以患者为中心”，选择特定病种，构建相应管理体系，制定并实施临床路径，可以更有秩序有效率地实现对患者的个性化护理管理。护士在临床路径实施过程中除履行护士职责外，还对患者进行健康教育、出院指导等，可提高患者的满意度，并且促进良好护患关系的发展。这对护理人员提出了新的挑战，使得护理人员不仅需要学习护理学、循证医学、药理学等方面知识，还需要了解其他学科如心理学、经济学等知识。同时，临床路径是部门性医疗护理模式向各部门整体性医疗护理服务模式转变的体现。

临床路径是指医生、护士和其他专业人员共同制订的针对某个诊断或手术所做的最适当、有顺序和时间性的整体服务计划，以减少康复的延迟和资源的浪费，使服务对象获得最佳的照顾服务。它以时间为横轴，以入院指导、诊断、检查、用药、治疗、护理、饮食指导、教育、出院计划等护理措施为纵轴制定日程计划表，是有预见性地进行工作的依据。

开展临床路径必须经过确定病种、制作临床路径表、组织专家论证、实施临床路径、总结修改、完善提高等步骤，在执行过程中，医生和护士共同努力为患者提供有时间的、有序的、有效的照顾，缩短住院周期，加强临床治疗的风险控制，以提高质量和控制经费，提高医疗资源的管理和利用。

A1 型题

1．我国开展临床路径管理试点工作的医院为多少家

A．50

B．40

C．30

D．20

E．10

2．临床路径的横轴是

A．治疗

B．诊断

C．用药

D．护理

E．时间

3．开展临床路径的基本步骤不包括

A．确定病种

B．制作临床路径表

C．组织专家论证

D．实施临床路径

E．结果分析

A3 型题

（5 ~ 6 题共用题干）

王先生，65 岁，因下肢静脉曲张入院，

行大隐静脉高位结扎术，医护人员共同为患者制定了临床路径表，并实施临床路径。患者于术后第 3 天体温升高，测得 T：39.5 ℃，手术切口处渗出脓液，发生了切口感染。经抗生素治疗，患者病情稳定，术后第 15 天出院。

4．请问在实施临床路径过程中出现了哪种变异

A．正性变异

B．负性变异

C．前变异

D．后变异

E．入院变异

5．临实施床路径的意义不包括

A．降低医疗费用，培养营销理念

B．遵循循证医学，提高医疗护理质量

C．促使多学科合作，深化整体医疗护理

D．有利于健康教育的实施和新进人员的培训

E．提高护理人员的能力

（王珊珊）

第九章 护理程序

学习目标

1. 掌握护理程序的基本步骤、各步骤的概念及主要工作内容。

2. 掌握护理诊断和护理目标的书写要求及格式。

3. 熟悉护理诊断和医疗诊断的区别，能够区分正确与错误的护理诊断、护理目标和护理措施。

4. 了解护理程序的发展史。

5. 能够贯彻护理程序的思想，正确实施护理措施，科学地对护理对象进行护理。

导入情景

张某，女，36岁，主诉怕热、多汗、心悸、消瘦6个月，加重2周，于8时30分入院。患者6个月前无明显诱因出现体重下降、怕热、多汗、心慌、脾气暴躁，食量增加，大便2～4次/天，近2周来心慌加重，写字时出现手抖。门诊以“甲状腺功能亢进”收住院。护士小李接诊。

工作任务：

1. 护士小李接诊后如何收集患者资料？

2. 列出上述情景中患者存在的主要护理问题。

3. 请根据上述资料，针对患者存在的健康问题列出护理诊断，并制订护理计划。

4. 根据护理计划应采取哪些护理措施?

护理程序是现代医学模式和护理学发展到一定阶段后，将护理学理论应用于实践的一种科学地确认问题、解决问题的思维方法和工作方法。它包括对护理对象身心状态的全面评估及分析、确定护理对象的需要，并根据需要制订相应的护理计划、实施计划及对护理效果做出评价，从而使护理对象得到完整的、适应个人需要的护理。在护理工作中，护理人员应熟练地应用护理程序，为护理对象提供安全有效的护理服务，不断提高护理质量，促进护理事业的科学发展。

第一节 概 述

一、护理程序的概念

护理程序（nursing process）是一种有计划、系统而科学的护理工作方法，目的是确认和解决护理对象对现存的或潜在健康问题的反应。护理程序由护理评估、护理诊断、护理计划、护理实施和护理评价五个相互联系、相互影响的步骤组成，是一个综合性、动态性，具有决策和反馈功能的思维及实践过程。综合性是指要用多学科的知识来处理护理对象对健康问题的反应；动态性是指随着护理对象健康问题的不断变化要随时重新进行评估、诊断、计划和调整护理措施；决策是指针对护理对象的健康问题决定采取哪些护理措施；反馈是指采取护理措施以后的结果又反过来决定和影响下一步的决策措施。护理程序的五个步骤相互联系、相互依赖、相互影响，是一个循环往复的过程（图 9-1）。

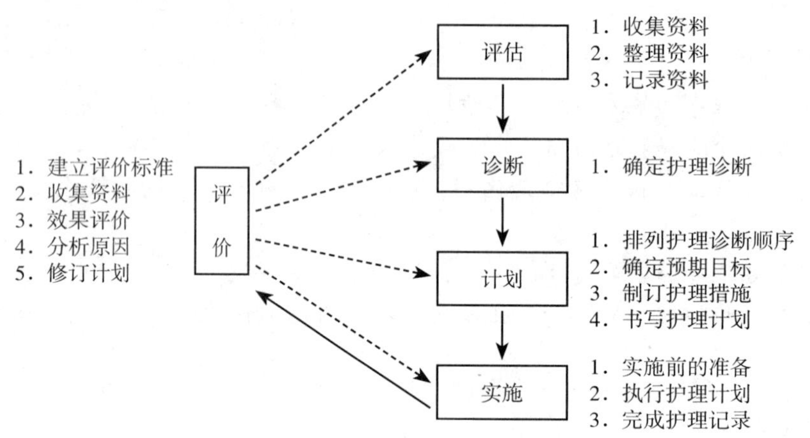

图 9-1 护理程序的基本步骤

二、护理程序发展简史

护理程序最早由美国护理学者莉迪亚·海尔（Lydia Hall）于 1955 年提出，她首次描述了护理是一个程序过程。1961 年奥兰多（Orlando）撰写了《护士与患者的关系》一书，第一次使用了“护理程序”一词。1967 年尤拉（Yura ）和沃尔什（Walsh）完成了第一本权威性的《护理程序》教科书，确定护理程序有 4 个步骤：评估、计划、实施和评价。1973 年北美护理诊断协会（North American Nursing Diagnosis Association，NANDA）成立，之后护理程序发展成为目前的五步，即评估、诊断、计划、实施和评价。1977 年，美国护理学会声明护理程序走向合法化。

20 世纪 80 年代初，美籍华裔学者李式鸾博士来华讲学，介绍了美国的“Primary Nursing”，后译为“责任制护理”，自此我国以护理程序为中心的责任制护理开始实行。1994 年美籍华人学者袁剑云博士来华介绍系统化整体护理，全国部分医院开始试点建设以护理程序为核心的系统化整体护理的“模式病房”。1996 年我国整体护理协作网正式组建。目前，我国广大护理人员正在积极探索适应我国国情的整体护理实践模式。

三、护理程序的相关理论

护理程序是在吸收了多学科理论成果基础上构建而成，这些理论相互联系、相互支持，共同为护理程序提供理论支持，同时又分别在护理程序实践过程中的不同阶段、不同方面发挥特有的指导作用。

（一）系统论

系统是由若干要素相互联系、相互作用，组成具有特定结构及功能的整体。系统广泛存在于自然界、人类社会及人类思维中。系统论（system theory）最早于 20 世纪 20 年代由美籍奥地利生物学家贝塔朗菲（Ludwig von Bertalanffy）提出。

护理程序以系统论为理论基础，指导护理工作的各个步骤系统而有序地进行，每一项护理活动都是系统中的一个环节，保证了护理活动的连续性。

护理程序作为一个开放的系统，由五个次系统组成，即评估、诊断、计划、实施和评价。该系统的输入即是护理对象的评估资料，输出即是评价结果。评价的结果作为反馈，又可以对护理对象进行再评估。

（二）控制论

控制论（cybernetics）于1948年由美国数学家维纳（N.Wiener）首先提出，是研究动物和机器中控制及通信的规律，即各种开放系统的控制规律的科学。控制论可应用于任何系统，主要研究系统行为的操纵控制和反馈调节，即研究系统在何种条件下处于稳定状态，采取何种措施可使系统稳定，以及如何使系统从一种稳定状态向另一种所期望的稳定状态过渡。

黑箱是控制论中的一个重要概念，是指那些既不能从外面打开箱盖，也无法从外部观察内部状态的系统。黑箱方法是指只通过考察外部系统，分析系统的输入、输出及动态过程，通过研究对象的功能及行为判断系统内部结构和机制。将这种方法引入护理程序中，服务对象相当于不打开的黑箱系统，通过观察其外部功能、行为是否达到预期目标，进行信息反馈，控制调节系统的再输入，直到系统输出的功能及行为达到预期目标。

（三）其他理论

在运用护理程序过程中，还需要引用其他理论，如需要层次论、信息论和解决问题论等。需要层次论为评估患者健康状况、预见患者的需要提供了理论依据；信息论赋予护士与患者交流能力和技巧，从而确保了护理程序的最佳运行；解决问题论为确认患者健康问题，寻求健康问题的最佳方案及评价效果奠定了方法论的基础。这些理论在护理程序的不同阶段、不同方面发挥着独特的指导作用。

四、护理程序的特点

（一）目的性

运用护理程序最主要的目的就是以护理对象为中心，确认和解决护理对象对现存的和潜在的健康问题的反应。护理人员要充分体现护理对象的个体特性，根据护理对象的生理、心理和社会需求安排护理活动，充分体现以人为中心的整体护理，而不只是单纯针对疾病、症状的护理。

（二）动态性

护理程序并不是将5个步骤执行一次即可，它无绝对的起点与终点，需要随着护理对象反应的变化，不断地、重复地运用护理程序组织护理工作，因而它是循环的、动态的。

（三）互动性和协作性

护理人员运用护理程序时，要求随时与护理对象、医生、家属及其他医务人员之间进行交流、协作，在提供护理服务时取得护理对象的理解和参与，使护理对象的健康意识和自我照顾能力得到增强，并建立良好的护患关系。

（四）普遍性

护理程序是一种科学的护理工作方法，无论对象是个人、家庭还是社区，无论工作场所是医院还是其他健康服务机构，都可运用护理程序提供护理服务。

（五）科学性

护理程序是在吸收多学科理论成果的基础上构建而成的，是护理学科学化的结果。

（六）创造性

在运用护理程序的过程中，护理人员需运用评判性思维和循证护理的方法，根据护理对象的健康问题及特殊需要，创造性地解决实际问题，提供个体化的护理。

五、护理程序对护理实践的指导意义

（一）对护理专业的意义

护理程序进一步明确了护理工作的范畴和护士的角色，护理人员在临床工作中不仅是单纯地执行医嘱，还应该发挥其独特性的功能，以护理程序为框架，为护理对象提供全面的、系统的、高质量的护理。护理程序也给护理管理提出了更高的要求，特别是在临床护理质量的评价方面有了新的突破。护理程序对于护理教育改革也具有指导性意义，促使教育模式的改变。护理程序也推动了护理科研的进步，使护理人员更注重将护理对象作为一个整体的人来考虑研究的重点和研究方向。

（二）对护理对象的意义

护理对象是护理程序的核心，护理程序所有的内容涉及的都是人，护理程序的目的也是为护理对象服务。在应用护理程序的过程中，护理人员把护理对象作为整体的人看待，一切护理活动都是为了满足其需要，有利于促进护理对象的康复进程，护理对象是护理程序的直接受益者。

（三）对护理人员的意义

护理程序是系统化整体护理的核心，在护理实践中运用护理程序，使护理工作摆脱了多年来被动工作的局面，使护士从医生的助手变成了合作伙伴。护理人员通过护理程序运用知识和技能独立解决问题，增强了护理人员工作的成就感，提高了护理人员的执业能力。

第二节　护理评估

一、护理评估的概念

护理评估（nursing assessment）是护理程序的第一步，是指有目的、有计划、系统地收集护理对象生理、心理、社会、精神及文化方面的健康资料，并进行整理和分析，目的是明确护理对象所要解决的健康问题。护理评估是护理程序的第一步，是护理程序的基础，评估的全面性和准确性，直接影响护理诊断的准确性及护理计划的制订和实施。护理评估是一个连续不断的动态的过程，从患者入院时开始，贯穿于护理工作的始终及护理程序的全过程。

二、护理评估的内容和方法

（一）护理评估的内容

主要包括患者的一般资料、生活状况及自理程度、护理体检和心理社会状况等。

1．一般资料　包括护理对象的姓名、性别、年龄、职业、民族、婚姻、文化程度、住址、此次住院的情况、既往史、家族史、过敏史。

2．生活状况及自理程度　包括饮食型态、睡眠休息型态、排泄型态、活动与运动型态、健康感知与健康管理型态。

3．护理体检　包括生命体征、身高、体重、各系统的生理功能及认知感受。

4．心理社会状况　包括自我感知与自我概念型态、角色与关系型态、应对与压力耐受型态、价值信念型态等。

（二）护理评估的方法

1．观察　是护理人员在临床实践中，运用视、触、嗅、听等多种感觉器官或借助简单的诊疗器具，系统地、有目的地收集护理对象健康资料的方法。观察是一个连续的过程，护理对象一入院就意味着观察的开始。观察通常与交谈或护理体检同时进行，也可单独进行。护理人员应特别注意观察护理对象的非语言表现，以收集支持或否定护理诊断的资料，修改和补充护理计划，观察实施护理措施后的效果。

2．交谈 是通过与护理对象及家属的语言交流获得护理对象健康资料的方法。交谈是收集主观资料的重要方法，是一种有计划、有目的的活动，有助于建立良好的护患关系；同时护理对象可获得有关病情、检查、治疗、康复的信息。在交谈过程中要注意运用良好的沟通技巧，取得护理对象的信任。交谈前应先了解护理对象的资料，准备交谈提纲，安排合适的环境，说明交谈的目的和所需要的时间；交谈中应引导护理对象抓住交谈的主题，一般先从主诉、一般资料开始，再引向过去健康状况及心理、社会情况等。交谈中，要注意倾听护理对象的陈述，不随意打断或提出新的话题，对护理对象的陈述或提出的问题，给予合理的解释和适当的反应，如点头、微笑等；交谈完毕，对所交谈的内容做一小结，征求护理对象的意见并致谢。

3．护理体检 是护理评估中收集客观资料的方法之一，是护士运用视诊、触诊、叩诊、听诊等方法，按照身体各系统顺序对患者进行全面的体格检查而收集资料的方法。目的是了解患者的健康状况，确定患者的护理诊断，从而制订护理计划。

4．查阅资料 包括查阅护理对象的医疗与护理病历、各种实验室及影像学检查结果和有关书籍、资料。

三、护理评估的步骤

护理评估包括收集资料、整理资料和记录资料三个步骤。

（一）收集资料

收集资料是护理人员系统、连续地收集护理对象健康状态信息的过程，主要目的是收集护理对象健康状况的基本资料，为做出正确的护理诊断、制订护理计划、评价护理效果提供依据，也为护理科研积累资料。资料的收集过程不只限于护理对象入院时，应贯穿于护理的整个过程。

1．资料的来源

（1）直接来源 护理对象本人是收集资料的直接来源。通过患者的主诉和对患者的观察、交谈、护理体检等可获取有价值的资料。

（2）间接来源

1）护理对象的家属及其他有关人员，如亲属、朋友、同事、邻居、保姆等。

2）其他医务人员，如与护理对象有关的医师、护士、营养师、康复师、药剂师、心理医师等。

3）护理对象的医疗文件，如病历记录、辅助检查报告、健康体检报告、儿童预防接种记录等。

4）医疗护理文献资料，如护理学及其他相关学科的文献资料。

知识拓展：
筛查性评估与焦点性评估

2．资料的种类

（1）主观资料 即护理对象对所经历的、感觉的、看到的、听到的、想到的内容的描述。如“我感觉头晕”“我有些害怕”等。一般来说，主观资料无法被具体地观察或测量。

（2）客观资料 客观资料是护理人员运用自己的感官，通过视、触、嗅、听、叩等方法或借助医疗仪器检查而获得的资料，如“血压升高、体重下降”等。

（二）整理资料

整理资料是将所收集到的资料进行分类、核实、筛选、分析，以找出护理对象的护理需求，确定护理问题。资料的分类可依据马斯洛的需要层次论、戈登（Gordon）的11种功能性健康型态，或北美护理诊断协会（NANDA）的人类反应型态分类法Ⅱ进行诊断分类。

1．依据马斯洛的基本需要层次论进行整理分类

（1）生理的需要：如呼吸阻塞、水肿、便秘等。

（2）安全的需要：如医院环境感到陌生，对各种检查和治疗感到恐惧，对医护人员不信任等。

（3）爱与归属的需要：如感到孤独，想家人，希望有人探望等。

（4）尊重的需要：如由于疾病而感到自卑等。

（5）自我实现的需要：如担心住院会影响工作或者学习等。

2．按戈登的 11 种功能性健康型态分类。这种分类方法通俗易懂，便于收集资料，但不方便得出护理诊断。

（1）健康感知－健康管理型态，如健康知识、健康行为等。

（2）营养－代谢型态，如饮食、营养状态等。

（3）排泄型态，如排便、排尿、排汗情况等。

（4）活动－运动型态，如日常活动能力、活动量和活动方式等。

（5）睡眠－休息型态，如每日睡眠、休息情况等。

（6）认知－感知型态，如个人的舒适感、对疾病的认识、感知能力等。

（7）自我感受－自我概念型态，如个人的情感反应、对自己的认识。

（8）角色－关系型态，如家庭关系、邻里关系、同事关系、同学关系的状态。

（9）应对－应激耐受型态，如对一些变故如生病、丧亲等的反应状态。

（10）性－生殖型态，如生育史、月经等。

（11）价值－信念型态，如宗教信仰、个人理想等。

3．按人类反应型态分类法Ⅱ分类

北美护理诊断协会（NANDA）将所有的护理诊断分为 13 个领域，包括：促进健康、营养摄入、吸收和应用、排泄、活动 / 休息、感知 / 认知、自我感知、角色关系、性 / 生殖、应对 / 应激耐受性、生活准则、安全 / 防御、舒适、成长 / 发展。按照这种分类方式进行资料的整理可以直接做出护理诊断。

无论采取何种分类方法，护士必须自始至终采用同一框架完成资料的收集、整理和记录，并对收集到的资料进行判断、解释和做出初步推论。

（三）记录资料

记录资料是护理评估的最后一步，目前无统一格式。一般可根据收集资料时的分类方法，自行设计表格记录。记录应遵循全面、客观、准确、及时的原则，符合医疗护理文件书写的要求。记录资料时应遵循如下要求：

1．收集的资料应及时记录，不可遗漏。

2．主观资料的记录应使用患者自己的语言，并加上引号。如“我感到恶心，不想吃饭。”

3．客观资料的记录要使用医学术语。描述应该准确，能正确反映护理对象的问题，避免护理人员的主观臆断。

第三节　护理诊断

护理诊断是护理程序的第二步，是在护理评估的基础上对所收集的健康资料进行分析，从而判断护理对象现存的或潜在的健康问题以及引起健康问题的原因。

一、护理诊断的概念

护理诊断（nursing diagnosis）是关于个体、家庭、社区对现存或潜在的健康问题及生命过程反应的一种临床判断，是护士为达到预期目标（预期结果）选择护理措施的基础，这些预期目标（预期结果）应能通过护理职能达到。

二、护理诊断的组成

北美护理诊断协会（NANDA）出版的护理诊断手册中认可的护理诊断由4部分组成，即名称、定义、诊断依据和相关因素。

（一）名称

名称是对护理对象健康状况的概括性描述。每一项NANDA公认的护理诊断都有其特定名称。常用改变、受损、缺陷、无效或有效等特定描述语，但不能说明变化的程度。如“气体交换受损”“清理呼吸道无效”“躯体移动障碍”“知识缺乏”等。

（二）定义

定义是对护理诊断一种清晰、正确的描述和解释，并以此与其他诊断做鉴别。如“有感染的危险”的定义为“个体处于易受机会性或致病性病原体（病毒、真菌、细菌、原生动物或其他寄生虫）侵犯的一种危险状态”。

（三）诊断依据

诊断依据是做出该护理诊断时的临床判断标准，是诊断该问题时必须具备的症状、体征以及有关病史，也可以是危险因素。诊断依据分为主要依据和次要依据。主要依据是指形成某一特定诊断所应具有的一组症状、体征及有关病史，是诊断成立的必要条件。次要依据是对提出某一诊断有支持作用，多数情况下会出现的症状、体征及病史，是诊断成立的辅助条件。如护理诊断“腹泻”的主要依据是“松散的水样粪便和（或）排便次数增加（3次/天以上）”，次要依据是“急迫感；绞痛或腹痛；肠鸣音次数增加等”。

（四）相关因素

相关因素是指影响护理对象健康问题的直接因素、促发因素或危险因素。常见因素有病理生理因素、治疗因素、情境因素和年龄因素等。

知识链接

护理诊断的发展历史

护理诊断的概念于1950年由美国护理学家路易斯·麦克迈纳斯（Louise McManus，1896—1993）首先提出。1953年美国护理学家维吉尼亚·弗莱（Virginia Fry，1929—2013）认识到护理计划中应包括护理诊断这一步骤，并强调护士应充分发挥其独立性功能。当时，护理界的许多同仁及其他健康科学工作者对护理诊断一词持有异议。直到1973年，美国护士会出版的《护理实践标准》一书才将护理诊断纳入护理程序，并授权在护理实践中使用。同年，在美国全国护理诊断会议上，提出了护理诊断的基本框架，并成立了全国护理诊断分类小组，旨在对现行已应用于临床的一系列护理诊断方法给予推广、考察和确认。之后，有关护理诊断的文献迅速增加，美国各级医疗机构开始使用护理诊断。1982年4月召开的第五次会议因有加拿大代表参加，而将分类小组改名为北美护理诊断协会（North American Nursing Diagnosis Association,NANDA）。2003年NANDA体现护理诊断在全球的广泛应用，更名为NANDA International（NANDA-I）。

三、护理诊断的分类

根据健康问题的性质可将护理诊断分为现存的、潜在的和健康的护理诊断三种类型。

（一）现存的护理诊断

是对服务护理对象目前已存在的健康问题或生命过程反应的描述，如“皮肤完整性受损：压疮：与长期卧床有关”。

（二）潜在的护理诊断

是对护理对象可能出现的健康问题或生命过程反应的描述。其特点是护理对象目前还没有某些特定的症状出现，但是有危险因素存在，若不采取护理措施，则可能出现健康问题。如“有皮肤完整性受损的危险：与长期卧床有关”。

（三）健康的护理诊断

是对护理对象从特定的健康水平向更高的健康水平发展的护理诊断。如“母乳喂养有效”“执行治疗方案有效”。

四、护理诊断的陈述

护理诊断的陈述包括三个要素：健康问题（problem，P），即护理诊断的名称，指护理对象现存的和潜在的健康问题；相关因素（etiology，E），即引起护理对象健康问题的直接因素、促发因素或危险因素；症状或体征（symptoms or signs，S），即与健康问题有关的症状或体征。

（一）三部分陈述

一般用于现存的护理诊断的陈述，即 PES 或 PSE 公式。

皮肤完整性受损（P）：压疮（S）：与长期卧床有关（E）

营养失调（P）：肥胖（S）：与进食过多有关（E）

（二）两部分陈述

常用于危险的护理诊断的陈述或三部分护理诊断的简化，即 PE 公示。

有体液不足的危险（P）：与频繁呕吐有关（E）

自理缺陷（P）：与手术创伤和伤口疼痛有关（E）。

（三）一部分陈述

常用于健康的护理诊断，即 P 陈述，陈述方式为“潜在的……增强”“执行……有效”等。

母乳喂养有效（P）

潜在的精神健康增强（P）

知识链接

相关因素举例

睡眠型态紊乱

（1）病理生理因素：神经官能症、神经衰弱、呼吸困难、疼痛等。

（2）治疗因素：手术、药物、操作等。

（3）情境因素：白天睡眠过多、环境改变、噪声等。

（4）年龄因素：老年人、心理焦虑、兴奋等。

五、护理诊断与医疗诊断的区别

医疗诊断是用一个名称说明一种疾病或病理变化引起的症状、体征，以指导治疗。而护理

诊断是叙述护理对象由于病理状态所导致的包括生理、心理、社会等方面的行为反应，以指导护理实践。两者区别见表 9-1

表9-1　护理诊断与医疗诊断的区别

项目	护理诊断	医疗诊断
判断对象	个人、家庭或社区	个人
描述内容	对健康问题的反应	一种疾病
解决方法	护理措施或医护合作解决	药物、手术等医疗方法治疗
决策者	护理人员	医疗人员
职责范围	属于护理职责范围	属于医疗职责范围
数目	可同时多个，随病情变化而变化	通常只有一个，确诊后不会变化

六、书写护理诊断的注意事项

1．护理诊断应使用 NANDA 认可的护理诊断名称，护理诊断所列名称应明确、简单、规范。

知识拓展：原卫生部护理中心护理诊断小组推荐的我国常用 20 个护理诊断

2．护理诊断以所收集的资料作为诊断依据，一项护理诊断只针对一个健康问题，一位护理对象可有多个护理诊断，并随病情发展而变化。

3．护理诊断应避免与护理目标、护理措施、医疗诊断相混淆，勿用症状或体征代替护理诊断。

4．护理诊断确定的问题应该是用护理措施能解决的或部分解决的问题。

5．护理诊断应明确相关因素，相同的护理问题可由不同的相关因素导致，护理措施多是针对相关因素制订，因此，相关因素也是制订护理措施的关键。

6．护理诊断应避免使用引起法律纠纷的描述。

7．护理诊断“知识缺乏”的陈述方式较特殊，其陈述方式为“知识缺乏：缺乏 ×× 的知识”。

第四节　护理计划

护理计划（nursing planning）是护理过程中的具体决策过程，是护士与护理对象合作，以护理诊断为依据，制订预期目标和护理措施，以解决、缓解和预防护理诊断中确定的健康问题的过程。护理计划是护理程序的第三步，通过这一步骤，可以使护理对象得到个性化的护理，保持护理工作的连续性，有利于医护人员的交流和进行护理评价。

一、排列护理诊断顺序

（一）排列护理诊断的优先顺序

当护理对象出现多个护理诊断时，需要先对这些护理诊断进行排序，以便根据问题的轻、重、缓、急来安排护理工作。护理问题在优先次序上可分为首优问题、中优问题和次优问题三类。

1．首优问题　是指对生命威胁最大，需要立即解决的问题。如清理呼吸道无效、心输出量减少、气体交换受损等。在紧急状态下，患者可以同时有几个首优问题。

2．中优问题　是指虽然不直接威胁生命，但会在精神上或躯体上带来极大的痛苦，严重影响健康的问题。如体温过高、急性疼痛、躯体移动障碍、恐惧等。

3．次优问题 是指个人在应对发展和生活变化时所遇到的问题。这些问题并非不重要，而是在安排护理工作时可以稍后考虑，不是很急迫或需要较少帮助即可解决。如营养失调、家庭应对无效、疲乏等。

（二）排列护理诊断的原则

1．优先解决直接危及生命，需要立即解决的问题 一般认为应优先解决现存的护理问题，但有时潜在的护理诊断和合作性问题比现存问题更重要，需要列为首优问题。

2．按照马斯洛的基本需要层次理论排列，优先解决低层次需要的问题，再解决高层次需要的问题，可以根据具体情况适当调整。

3．在不违反治疗、护理原则的基础上，可优先考虑护理对象的主观需求。

4．优先处理现存的护理问题，对于潜在性问题，根据性质决定其解决的次序。

二、确定预期目标

预期目标（expected outcome）也称为预期结果，是指护理对象接受护理后，期望能够达到的健康状态或行为的改变，即最理想的护理结果。预期目标针对护理诊断而提出，是选择护理措施的依据，也是评价护理措施的标准，每个护理诊断都应有相应的预期目标。

（一）目标的分类

1．短期目标 是指在较短的时间内（几天或几小时，一般指一周内）能够达到的目标，适合于住院时间较短、病情变化较快者。如“2 天后患者可下床独立行走 10 m”。

2．长期目标 是指需要相对较长时间才能实现的目标，通常需要一周以上或更长的时间。如“患者 1 个月体重减轻 5 kg”。长期目标可分为两类：

一类是需要护理人员针对一个长期存在的问题采取连续性行动才能达到的长期目标，例如，长期卧床的患者需要护士给予精心的皮肤护理以预防发生压疮的发生，这个长期目标可以描述为“卧床期间皮肤完整无破损”；另一类是需要一系列短期目标的实现才能达到的长期目标。例如对“活动无耐力”这一护理诊断，长期目标为“半年内患者能耐受日常活动，无疲劳”，这个长期目标可通过一系列短期目标来实现，如“1 周内，患者可以脱拐下床行走 200 m”。短期目标的实现能够让护理对象看到进步，增强实现长期目标的信心。

（二）目标的陈述方式

预期目标的陈述方式为：主语 + 谓语 + 行为标准 + 条件、时间状语。如：3 天后患者拄拐行走 50 m。

1．主语 指护理对象或护理对象的生理功能或机体的一部分。比如患者、体重、体温、尿量等。如果护理对象在预期目标中充当主语时，可省略。如上例可略为“3 天后拄拐行走 50 m”

2．谓语 指主语将要完成且能被观察到的行为。

3．行为标准 指主语完成该行为将要达到的程度。包括时间、距离、速度、次数等。

4．条件状语 指护理对象完成该行为所必须具备的条件状况，但并非所有目标陈述都包括此项。

5．时间状语 指护理对象在何时达到目标中陈述的结果，即何时对目标进行评价。

例：	三天后	患者	拄拐	行走	50 m
	时间状语	主语	条件状语	谓语	行为标准

（三）确定预期目标的注意事项

1．预期目标应以护理对象为中心 目标陈述的是护理对象的行为，而非护理活动本身，更不是描述护理人员的行为或采取的护理措施。即主语应该是护理对象，而不是护理人员。

2．预期目标应有明确的针对性 一个预期目标只能针对一个护理诊断，一个护理诊断可有多个预期目标。因此，一个目标只能用一个行为动词即一个谓语来进行描述。

3．预期目标必须切实可行 预期目标应是护理对象能力范围之内所能达到的，制订目标时应充分考虑服务对象身体条件、心理状况、智力水平、既往经历及经济条件，也要考虑医院的条件、设施、护士的知识水平和专业能力等，以便预期目标通过护理活动的帮助能够实现。目标的制订和施行过程中，护理人员要与护理对象共同商定，鼓励护理对象积极参与。

4．预期目标应具体 预期目标应该可观察、可测量，有时间限度，便于进行评价。避免使用含糊不清、不明确的词，如活动适量、饮酒量减少等。

5．预期目标应在护理工作所能解决范围之内，并要注意医护协作，保持与医嘱一致。

6．预期目标必须有据可依 护士应根据医学、护理知识、个人临床经验及护理对象的实际情况制订目标，以保证目标的可行性。

7．关于潜在并发症的预期目标 潜在并发症是合作性问题，仅通过护理往往无法阻止，护士只能监测并发症的发生与发展。因此，潜在并发症的预期目标可这样书写：并发症被及时发现并得到及时处理。

三、制订护理措施

护理措施（nursing intervention）是护理人员帮助护理对象实现预期目标的具体实施方法，规定了解决健康问题的护理活动的方式与步骤。护理措施的制订是建立在护理诊断所陈述的相关因素的基础上，结合护理评估所获得的护理对象的具体情况，运用评判性思维与护理专业知识和实践经验做出决策的过程。

（一）护理措施的类型

1．独立性护理措施 指护理人员不依赖医嘱，根据护理评估中确立的护理诊断独立思考、分析判断，运用护理知识和技能可独立完成的护理活动。如生活护理、入院评估、健康教育、住院环境管理等。

2．合作性护理措施 指护理人员与其他医务人员协作完成的护理活动。包括医生、理疗师、营养师，如与营养师一起制订符合护理对象病情的饮食计划。

3．依赖性护理措施 指护理人员遵医嘱执行的护理措施。如遵医嘱给药、更换伤口敷料、外周静脉置管、诊断性检查的准备工作等。依赖性护理措施并非机械地执行，同样要求护士具备一定的知识和技能。如遵医嘱给药要求护士掌握药物的分类、药理作用、剂量及副作用等。此外，护士还负责与服务对象的沟通，如诊断性检查前的沟通及检查后告知结果等。

（二）护理措施的内容

主要包括基础护理、饮食护理、护理体检、病情观察、执行医嘱、对症护理、功能锻炼、手术前后护理、心理护理、健康教育等。护理措施应当清楚、明确，根据护理对象的不同情况进行个性化定制，不能千篇一律如同常规。

（三）确定护理措施的注意事项

1．护理措施应具有针对性 护理措施应针对预期的护理目标，一个预期目标可通过几项护理措施来实现，按主次、承启关系排列。

2．护理措施应具有科学依据 护理措施应以循证护理为基础，由护理人员依据医学基础知识、行为科学知识、社会科学知识，结合个人技能和临床经验以及护理对象的具体情况进行科学制订。

3．护理措施应切实可行 制订护理措施时一方面要考虑护理对象的具体情况，如病情、年龄、性别、体力、认知水平、愿望及要求，另一方面要考虑医院的设备设施、业务水平及护理人员的情况，是否能胜任实施制订的措施。

4．护理措施应保证服务对象的安全 在实施护理措施的过程中，应考虑护理对象的病情和耐受能力，保证其生理安全和心理安全。

5．护理措施应具体、明确、全面 护理措施必须具有可操作性，一项完整的护理措施应包括日期、具体的内容、执行的方法、执行的时间和签名。制订时应参阅其他医务人员的病历记录，意见不一致时应协商达成共识。

6．鼓励服务对象参与护理措施的制订 护理措施的执行需要护理对象的配合，在制订护理措施过程中，鼓励护理对象或家属参与，保证护理措施得到最佳效果。

四、护理计划的书写

护理计划是将护理诊断、预期目标、护理措施等各种信息按一定规格组合而形成的护理文件。护理计划一般都制成表格形式，各医院的格式不完全相同，一般包括日期、护理诊断、预期目标、护理措施、效果评价几项内容。护理计划应体现个体差异性，一份护理计划只对一个护理对象的护理活动起指导作用。护理计划还应具有动态发展性，随着护理对象病情的变化、护理效果的优劣而补充调整（表 9-2）。

表9-2 护理计划

姓名 ××× 科别 内科 病室 三 床号 5 住院号 0123

开始日期	护理诊断	护理目标	护理措施	效果评价	停止日期	签名
2018.07.01	1．体温过高：与肺部感染有关	24 小时后患者体温降至 37 ℃以下	1．物理降温，卧床休息 2．降温后 30 分钟测一次体温，每 4 小时测一次体温 3．补充营养和水分	体温下降至 36.8 ℃	2018.07.02	赵丽
	2．营养失调：高于机体需要量：肥胖，与摄入量过多有关	1．一周内体重下降 0.5 ~ 1 kg	1．控制每日摄入量在 6.8 MJ 内 2．鼓励户外散步，每日至少 0.5 小时 3．进行一次合理饮食的健康教育	体重下降 0.6 kg	2018.07.08	赵丽
		2．10 天内会制订低脂食谱	指导患者制订食谱，每天一次	能独立制订低脂食谱	2018.07.11	赵丽

随着计算机在病历管理中的普遍应用，护理计划也逐渐趋向计算机化。护理专家针对常见病和多发病的常见护理诊断，制订了相应的护理目标和护理措施，并用统一的形式书写，形成了标准护理计划。临床工作中，护士最好不要急于对照标准护理计划，而应先经过评判性思维做出判断以后再对照标准护理计划，补充没有想到的项目，添加标准护理计划上没有列出的措施，为患者提供个性化的整体护理。

第五节 护理实施

护理实施（nursing implementation）是护理程序的第四步，是将护理计划付诸实践，实现预期目标的过程。护理实施的过程要求护理人员具备丰富的专业知识，熟练的操作技能和良好的人际沟通能力，使护理对象得到高质量的护理。从理论上说，护理实施是在护理计划制订之后，但在实际工作中，特别是抢救危重患者时，护理实施常先于计划之前或同时进行，事后再补充书写完整的护理计划。

一、护理实施的过程

护理实施的过程包括准备、执行和记录三个部分。

（一）准备

护理实施前的准备包括重新评估护理对象的资料，进一步审阅或修改护理计划，分析实施计划所需要的护理知识与技能，预测可能的并发症及预防措施，安排实施计划的人力、物力与时间。应具体思考以下几个问题：

1．做什么（what） 评估护理对象目前情况，审阅已制订的护理计划是否与护理对象目前情况相符，计划中的各项措施是否合适、科学和安全。护理人员每一次接触护理对象，可实行多个针对不同护理诊断的护理措施，应将不同的措施进行组织，安排好工作的顺序，提高工作效率。

2．谁去做（who） 将护理措施进行分类和分工，确定护理措施由谁执行，是需要一名护理人员单独执行，还是多名护理人员合作，还是和其他医务人员共同完成或者需要患者、家属等相互协助完成。

3．怎么做（how） 指执行时需要什么技术或技巧和设备等，熟悉需要进行的护理操作过程或仪器设备的使用方法；如果遇到的问题比较复杂，如患者情绪不佳，合作性差，则需要考虑如何使措施得以顺利进行，一旦发生某些意外，应该如何应对等。

4．何时做（when） 根据护理对象的具体情况、健康状态等选择执行护理措施的时间。如进行健康教育，应该选择护理对象情绪稳定，身体状况良好的情况下进行。

5．何地做（where） 确定实施护理措施的场所也十分必要，尤其对于涉及患者隐私的操作，更应注意环境的选择。

（二）执行

执行护理措施的过程是护理人员运用观察能力、沟通技巧、合作能力和应变能力，熟练地应用各项护理操作技术的过程。具体包括：将所计划实施的护理活动加以组织、落实；执行医嘱，保持医疗和护理有机结合；准确、及时地解答护理对象及家属的咨询问题，进行健康教育；及时评价实施的效果及护理质量，观察病情，处理突发急症；继续收集资料，及时、准确地完成护理记录，不断补充和修正护理计划；与其他医务人员保持良好交流，做好交接班工作等。

（三）记录

护理记录是护理实施阶段的重要内容，是护理活动交流的重要形式。将实施过程完整、准确地记录下来有助于其他医护人员及时了解情况，为下一步治疗和护理提供可靠依据。护理记录要求描述及时、准确、具体、客观、真实、简明扼要、重点突出，体现动态性和连续性，可采取文字描述或填表、在相应项目上打勾等方式。

1．护理记录的内容 包括实施护理措施后护理对象、家属的反应及护理人员观察到的效果，护理对象出现的新的健康问题与病情变化，所采取的治疗和护理措施，护理对象的身心需要及其满足情况，各种症状、体征，器官功能的评价，护理对象的心理状态等。

2．护理记录的方法

（1）PIO 格式：P（problem，健康问题）、I（intervention，护理措施）、O（outcome，护理效果）

（2）SOAPIE 格式：按照主观资料（S）、客观资料（O）、评估（A）、计划（P）、干预（I）、评价（E）的格式进行记录。它以护理诊断为基础，根据每一个问题作出护理干预措施的书面计划。

（3）DAR 格式：不同于以“问题”为基础的记录方式，而是强调“要点”，记录中包括资料（D）、措施（A）和反应（R）。

（4）PIE 格式：是问题、干预、评价系统记录表格，又称评估、问题、干预、评价（APIE）系统记录表格，是一种系统记录护理过程和护理诊断的方式。

护士在护理实践中需详细记录护理程序的实施过程，上述几种记录方式在美国等西方国家已被护士广泛采用。目前，我国多采用 PIO 记录方式（表 9-3）。

表9-3　护理记录单

姓名 ×××　科别 内科　病室 三　床号 5　住院号 0123

日期	时间	护理动态记录（PIO）	护士签名
2018.07.05	15：00	P：体温过高：39.5 ℃：与肺部感染有关 I：（1）乙醇拭浴 st （2）头部置冰袋 （3）遵医嘱静脉滴注红霉素 1 g Bid （4）测量体温 q4h （5）用生理盐水口腔护理 Bid （6）卧床休息	李云
	15：30	O：体温降至 38.7 ℃	李云

二、护理实施过程中的注意事项

1．树立整体观念　护理活动的核心是整体的人，在实施护理措施时应全面考虑护理对象各方面的情况，贯彻整体护理理念。不但要考虑护理对象的病情，还要考虑护理对象的心理、社会、精神、文化等方面的需求。

2．注重科学性和灵活性　护理人员在实施护理计划时，应合理地组织护理活动，要把病情观察和收集资料贯穿于其中，对病情变化及时做出判断，根据患者实际情况灵活实施护理。

3．注重安全性　护理措施必须保障护理对象的安全。如为护理对象更换卧位时，动作要轻、稳，避免推、拉、拽等损伤患者的皮肤。

4．明确医嘱，认真执行　护士在执行医嘱时，应明确医嘱的意义，对有疑问的医嘱应核对无误后再执行。

5．注意人文关怀，建立良好的合作关系　在实施护理活动过程中应尊重护理对象的主观意愿，注意与护理对象及家属进行沟通交流，鼓励其积极主动参与护理活动，并给予适时的教育、支持和安慰，这些有助于提高护理活动的效果。

第六节　护理评价

护理评价（nursing evaluation）是护理程序的最后一个步骤，是按照预期目标所规定的时间，对实施护理计划后护理对象的健康状况与预期目标进行比较并做出评定和修改的过程。护理评价是护理过程中的重要环节，是控制护理质量的关键步骤，是护理计划实施的反馈过程，也是制订下一步护理计划的依据和参考，它虽然是护理程序的最后步骤，但实际上贯穿于整个护理活动的始终。

一、护理评价的内容和方式

（一）评价的内容

1．结构评价　即评价提供护理服务的结构要素，如管理方式、经济状况、人员配备、设备情况。如护理机构是否为护理对象提供了足够数量的有胜任能力的护理人员、是否运用了最佳设备、仪器等。

2．过程评价　即评价护理人员进行护理活动的行为过程是否符合要求，如各种护理操作的过程、与患者的沟通交流情况、健康教育的组织开展过程等。

3．效果评价　即评价护理对象经过护理照顾以后的健康状况是否达到了预期目标。

（二）评价方式

1．护理人员自我评价　护理人员在实施护理程序的每一个步骤或每一项护理措施后，根据护理对象的反应及病情变化进行评价，与所制订的预期目标进行比较，从而修改完善护理措施。

2．护士长与护理教师的检查评定　护士长通过检查新入院、危重、大手术后等重点患者的护理，掌握整个病区的护理质量，为临床护士开展护理工作提供条件。护理教师在临床护理带教中发挥指导作用，协助低年资的护士识别、解决具有一定难度的健康问题，对护理行为进行督导，提高护理质量。

3．护理查房　常用的方式有病案讨论、个案护理、典型病例的教学查房等，这是一种回顾性的、总结经验性的、较全面细致的评价。

4．医院质量控制委员会检查　通过组织全院护理质量调查、患者满意度调查、晚夜班节假日护士长查房等多种形式，评价掌握全院护士业务水平、工作动态和临床护理质量。

二、护理评价过程

（一）建立评价标准

预期目标可作为护理效果评价的标准。预期目标可指导护理人员确定评价阶段所需收集资料的类型，并提供判断护理对象健康与否的标准。如预期目标是“患者手术后 3 天能自行下床行走 10 m”。根据这一预期目标，护士能明确护理评价时所需收集资料的类型和内容。

（二）收集资料

护理人员根据评价标准和评价内容，通过访谈、检查、评估护理对象，访谈家属及查阅病历等方式收集相关主客观资料。护理评估与护理评价两者收集资料的方法相似，但目的不同，前者是将收集的资料与正常值比较，以确定护理问题；后者则是将收集的资料与预期目标相比较，确定健康问题是否改善及改善的程度。

（三）效果评价

将护理对象的反应与预期目标进行比较，评价预期目标实现情况，实现的程度分三种，即：预期目标完全实现、预期目标部分实现、预期目标未实现。

如预期目标为“患者手术后 3 天能自行下床行走 10 m”，3 周后的评价结果为：

患者已能走 10 m——目标完全实现。

患者能走 3 m——目标部分实现。

患者拒绝下床或行走无力——目标未实现。

（四）分析原因

对预期目标部分实现和未实现的原因进行分析、探讨，找出问题所在，可从以下几个方面分析：收集的资料是否准确、全面；护理诊断是否正确；预期目标是否切实可行；护理措施是否恰当；措施是否有效执行；护理对象及家属是否积极配合；护理对象的病情是否已经改变或有新的问题发生；原定护理计划是否失去了有效性等。

（五）修订计划

对护理对象的健康问题重新评估后，对护理计划进行修订，护理计划的调整有以下几种情况：

1．停止 对预期目标完全实现的护理诊断，也就是护理对象的问题已经解决，停止原有的护理诊断及相应的护理措施。

2．取消 原有的潜在问题若未发生，通过进一步收集资料，评估护理问题的危险性不存在了，可取消相应诊断、目标、措施等。

3．继续 预期目标与护理措施恰当，护理问题有一定改善，但仍未完全解决，护理计划则需继续进行。

4．修订 对预期目标未完全实现或未实现的护理诊断，应重新收集资料，分析影响因素，做出新的诊断和制订新的目标与措施。

5．增加 评价也是一个再评估的过程，在重新收集资料的基础上，对出现的新的健康问题做出新的诊断和制订新的目标与措施，及时将这一诊断加入到护理计划中，进行新一轮循环的护理活动，最终达到护理对象的最佳护理效果。

护理程序是护理人员通过科学的方法确定服务对象的健康状态，明确健康问题，并以此为依据，制订适合护理对象的护理计划，采取适当的护理措施以解决健康问题的过程。其目的是帮助护理对象满足各种需要，恢复或达到最佳健康状态。运用护理程序不仅能提高护理质量，促进护理对象恢复健康，而且能培养护理人员的逻辑思维，增强其发现问题和解决问题的能力，提高其业务知识和技术水平，改善护患关系，同时护理程序中完整的护理记录将为护理科研与护理理论的发展奠定坚实的基础。

本章系统地讲解了护理程序的发展史、护理程序的概念和步骤、护理诊断的概念及组成、护理诊断的分类，重点讲解了护理诊断与护理目标的书写格式。

护理程序包括护理评估、护理诊断、护理计划、护理实施和护理评价 5 个步骤。护理评估是系统全面地收集护理对象的资料并对资料加以整理的过程。护理诊断是护理人员达到预期目标选择措施的基础，护理诊断有名称、定义、诊断依据以及相关因素 4 部分组成。书写格式有 PES、PE、P 格式组成；做出正确的护理诊断需要明确护理诊断和医疗诊断的区别。护理计划是护理过程中的具体决策，是对护理对象实施护理的行动指南。排列护理诊断时应该遵循优先解决危及护理对象生命的问题；护理实施过程中要注意整体观念，科学性、灵活性、安全性，注意人文关怀，并能正确记录；护理评价是按照预期目标所规定的时间，对实施护理计划后护理对象的健康状况与预期目标进行比较并做出评定和修改的过程，评价活动贯穿于护理程序的全过程。

测 试 题

A1 型题

1．护理评估中，资料的直接来源是
A．患者本人
B．其他卫生保健人员
C．患者亲属
D．患者个人的医疗文件
E．相关文献资料

2．下列资料中属于客观资料的是
A．头疼 2 天
B．体温 39.4 ℃
C．不易入睡
D．感到恶心
E．常有咳嗽

3．危险的护理诊断的书写公式常用
A．PES 公式
B．PE 公式
C．PS 公式
D．P 公式
E．ES 公式

4．下列哪项不是护理诊断
A．脑出血
B．体温过高
C．体液不足
D．营养失调
E．真性尿失禁

5．下列属于护理实施阶段工作内容的是
A．收集资料
B．确定护理目标
C．执行护理措施
D．提出护理诊断
E．评价预期目标

A2 型题

6．李先生，53 岁，患肝硬化 3 年，1 小时前呕血 800 ml，患者诉心慌乏力。体检：精神萎靡、皮肤干燥。体温 36.5 ℃，脉搏 120 次 / 分，呼吸 24 次 / 分，血压 80/60 mmHg。下列资料中属于主观资料的是
A．心慌乏力
B．体温 36.5 ℃
C．呕血 800 ml
D．血压 80/60 mmHg
E．皮肤干燥

7．赵先生，70 岁，以“慢性阻塞性肺气肿”收住院，护士评估后认为该患者存在以下健康问题，其中属于首优问题的是
A．呼吸道清理无效
B．疼痛
C．营养不良
D．知识缺乏
E．个人应对无效

A3 型题

（8 ～ 9 题共用题干）

李女士，35 岁，因“转移性右下腹疼痛”入院，护理体检：精神萎靡，身体蜷曲，体温 39.5 ℃，右下腹腹肌紧张，压痛、反跳痛（+）。

8．对该患者作出的护理诊断原因的陈述，恰当的是
A．知识缺乏：缺乏相关信息来源
B．有皮肤完整性受损的危险与护士不及时给患者翻身有关
C．有受伤的危险与护士未加床档有关
D．社交障碍与患者缺乏道德有关
E．生理自理缺陷与患者文化层次低有关

9．对该患者作出的护理诊断中，属于健康性护理诊断的是
A．活动无耐力
B．清理呼吸道无效
C．有窒息的危险
D．母乳喂养有效
E．语言沟通有效

（10 ～ 11 题共用题干）

李女士，71 岁，肺源性心脏病，患者表现为呼吸困难，喉中有痰，不易咳出。此患者的家庭住址离医院较远，由于家人探视少而产生焦虑，无人时常哭泣。

10．护理该患者首先应解决的问题是

A．清理呼吸道无效

B．皮肤完整性受损

C．语言沟通障碍

D．活动无耐力

E．便秘

11．除解决上述问题外，护士还应注意满足患者

A．生理的需要

B．安全的需要

C．爱与归属的需

D．尊敬的需要

E．自我实现的需要

（12 ～ 13 题共用题干）

李先生，45 岁。因车祸受伤送医院就诊。诊断：左下肢胫腓骨骨折，查体：左下肢疼痛、肿胀，功能障碍。

12．以下哪一项不是针对李先生病情所作的护理诊断

A．疼痛

B．焦虑

C．活动无耐力

D．有皮肤完整性受损的危险

E．躯体移动障碍

13．以下哪项不是根据李先生相关护理诊断制订的护理措施

A．解释有关骨折的相关知识

B．保持床单位的干燥、平整

C．保持环境安静，限制探视

D．给予必要的生活护理

E．提供减轻疼痛的非药物方法

（王　钰　许翠萍）

第十章　护理安全与防护

学习目标

1．掌握护理职业暴露、护理职业风险、护理职业防护等概念；常见的护理职业损伤的预防；护理安全、护理事故、护理差错等概念；护理安全防范原则。

2．熟悉护理安全的影响因素；护理职业损伤的危险因素。

3．了解护理安全防范的意义；护理职业防护的意义。

4．具有“以患者为中心”的服务理念和护理安全意识；具有慎独的职业精神。

随着社会和卫生事业的发展、科技的进步，人们的自我保护意识及法律意识不断增强，对健康和医疗卫生服务的需求也不断提高，护理安全日益受到人们关注。护理安全是衡量医院护理管理水平的重要标志，是护理质量的基础，也是防范和减少医疗事故及纠纷的重要环节。与此同时，由于医院的特定环境，致使护理人员常暴露于生物、物理、化学、社会心理以及与工作性质有关的各种危险因素之中，做好自身防护对保持身心健康具有重要意义。因此，我们应在确保护理安全的同时重视职业防护。

第一节　护理安全

导入情景

王女士，29岁，因“重度贫血”于血液科住院治疗，遵医嘱给予红细胞2 U静脉输注。取回血制品后，护士错将王先生的B型红细胞输入到血型为O型的王女士体内，致使她出现严重的输血反应。事后，经鉴定，护士出现严重的过错，医院承担全部责任。

工作任务：

1．护理安全的重要性。

2．如何避免护理差错事故的发生。

一、概述

护理管理的最终目的是安全护理，安全需要是仅次于生理需要的基本需要。护理人员应懂得安全护理的重要性，具有评估护理安全的知识和能力，在工作的各个环节把好安全关，努力为患者及自身提供一个安全的环境，以满足患者及护理职业安全的需要。

（一）概念

1．护理安全（nursing safety）　是指在实施护理的全过程中，患者不发生法律和法定规章制度允许范围以外的心理、机体结构或功能上的损害、障碍、缺陷或死亡。从现代护理管理发展看，还应包括护士的职业安全，即保护护士在工作的过程中不受到不良因素的影响和损害。

2．护理差错（nursing error） 是指在护理工作中，由于护理人员责任心不强、工作粗疏、不严格执行规章制度或违反技术操作规程等原因，给患者精神及肉体造成痛苦，或影响医疗和护理工作的正常进行，但未造成严重后果和构成事故。如对患者进行药物护理时，未及时叮嘱患者口服药物，导致患者延误治疗，虽然未造成严重的后果但影响了治疗和护理的有序进行。

3．护理事故（nursing accident） 是指在护理工作中，由于护理人员的过失，直接造成患者死亡、残疾、组织器官损伤，导致功能障碍或造成患者明显人身损害的其他后果。如在护理危重患者时，由于护理评估不当或不及时，导致患者发生压疮、痰液阻塞而窒息、引流管不畅致反流性炎症等，严重威胁患者的健康甚至造成患者死亡，属于护理事故。

（二）护理安全防范的意义

1．患者方面

只有为患者提供安全的医护环境，加强患者安全管理，有效实施护理安全措施，才能满足患者的安全需求，保护患者的身心安全，患者才能通过护理服务恢复健康，反之，如果不能保障患者安全，则会影响患者康复，甚至有可能造成患者伤残、器官功能障碍或死亡。

此外，保证护理安全制度的施行，落实护理安全措施，可以为患者创造安全、和谐的就医、诊疗环境，避免护理不良事件的发生，增加患者及家属的良好就医体验及满意度。

2．护士方面

护士职业安全是保证患者安全的前提，护理安全防范措施及时、得当，可以降低护士职业暴露的风险，确保护士自身安全。随着《医疗事故处理条例》的实施，患者维权意识、自我保护意识和法律意识明显增强，护理安全与医疗纠纷已成为当前密切关注的问题。因护理安全防范不到位，引发患者不满和投诉，可能会造成医疗护理纠纷，这就要求护理人员必须落实护理安全措施，保护患者同时保护自己。

因此，护理安全与护理质量紧密相关，是护理质量的核心内容。它是衡量医院护理管理水平的重要标志。做好护理安全防范，是提高护理质量、确保患者安全、确保良好就医诊疗环境、确保护士自身安全的前提和保障。

知识链接

护理不良事件

护理不良事件是指在护理工作中发生的不在计划内、未预计到或与预期结果不相符合的事件，可能影响患者的诊疗结果，增加患者的痛苦和负担，并可能引发护理纠纷或影响正常诊疗工作运行，如用药错误、非计划性拔管、跌倒/坠床、压疮、严重药物外渗、走失、烫伤、误吸或窒息，及其他与患者安全相关、非正常的护理意外事件。

不良事件分级：

1．一级事件（警告事件）非预期的死亡，或是非疾病自然进展过程中造成永久性功能丧失。

2．二级事件（不良后果事件）在疾病医疗过程中是因诊疗活动而非疾病本身造成的患者机体与功能损害。

3．三级事件（未造成后果事件）虽然发生了错误事实，但未给患者机体与功能造成任何损害，或有轻微后果而不需任何处理可完全康复。

4．四级事件（隐患事件）由于及时发现错误，未形成事实。

二、护理安全的影响因素

（一）护理人员因素

主要指由于护理人员的原因，不能满足患者的需求致患者安全隐患。若护理人员法律意识淡薄，风险意识缺乏，不仅不能有效控制风险，还可能在进行护理操作时侵犯患者的知情权、隐私权等权利，带来医疗护理纠纷；对护理文书重要性认识不足，漏记、错记等也会成为护理投诉时的安全隐患；缺乏慎独精神，忽视患者安全，不严格落实制度、流程，如未严格执行查对制度，错误执行医嘱造成患者不良反应；护理人员言谈或行为不慎，给患者心理或生理上带来痛苦；护理人员技术水平差等均是影响护理安全的因素。

（二）患者因素

安全的健康照顾和环境是个体生存的基本条件，对于患者而言，安全尤为重要。患者的感觉功能、年龄、健康状况、对环境的熟悉程度、心理素质、疾病认知能力及承受力均影响患者的安全。如癌症初期患者处于疾病否认期，对疾病诊断不认可，不积极配合治疗，或者由于抑郁等原因出现自杀意念或行为，为患者的安全带来隐患。

（三）诊疗因素

临床上一些特殊诊疗手段，如各种侵入性操作技术、物理或化学疗法等在协助诊断、治疗疾病、促进康复的同时，也可能会给患者带来不安全的因素。如冷、热疗法时不注意观察，可能会造成冻伤或烫伤等温度性损伤。

（四）质量管理因素

质量管理体制是护理安全管理的核心，管理制度不健全、执行力度不够、管理措施不到位均与护理安全息息相关。比如虽然建立了一些规章制度，但组织管理不严，对潜在的不安全因素缺乏预见性和洞察力，缺乏对安全问题的总结和改进，缺乏切实可行的护理质量控制标准，安全问题将成为隐患持续存在。此外，对护理人力资源配置不足或安排不合理，导致工作负荷过重，会给患者生命安全和康复带来隐患。

（五）医院环境及医疗设备

良好的医院环境有利于护理措施施行，保障患者的安全。基础设施不完善可致机械性损伤，如走廊和浴室缺少扶手、地面过于湿滑、床档及加护措施缺失造成患者坠床等；消毒隔离不严密导致医院获得性感染；有菌区和无菌区标识不明确或者未严格区分等均可不同程度地影响护理安全。

病区医疗设备配置、医疗设备的状态及放置也会影响到护理安全。如抢救仪器设备的配置会直接影响抢救的时效性；医疗设备是否处于备用状态、药品数量、质量是否符合要求，物品放置的合理性，取放的便捷性等，都会不同程度地影响护理操作的及时性、安全性。

三、护理安全防范原则

（一）健全各项管理制度，完善组织管理体系

完善的管理制度、健全的管理体制是预防护理差错发生，保障护理安全的前提。要完善护理质量控制体系，护理部设立护理质量安全委员会，负责制定并不断修订完善各项护理规章制度和护理技术操作规范，组织学习并严格遵守及执行，并在三级质量管理体系下，将质量控制落实到每一个病区、每一名护士，人人参与安全管理，有检查、有反馈、有追踪，对存在或可能存在的安全问题逐级上报，及时改进出现的各种安全问题，制定相关应对策略和方案，将安全隐患降至最低。

（二）强化职业安全教育，遵守职业道德规范

护理人员对职业安全知识的认识是实现护理安全的基础。提高每名护士的责任意识、法律意识，医院应开展职业安全教育和法律知识教育，如安全管理知识讲座，岗前培训，定期考核等。增强护理人员的证据意识，如保证护理文书的科学性、真实性、完整性、及时性。护理人员在任真履行职责的同时，也要维护和尊重患者的权利，增强责任心，具备慎独精神，强化自我管理，确保护理安全。

（三）合理配置护理人力资源，塑造职场安全环境

合理而充足的护理人力配备，是保证护理安全的重要因素。根据护士的能力、自身条件等合理配置、分层级使用护理人员，结合弹性排班、护理人员调配方案，满足临床工作的需求，实现护理人力资源优化合理利用，确保高质量完成护理工作。合理配置护理人力，重视并满足护理人员身心健康的需要，才有利于日常管理工作的开展，提升护理服务水平，也是保障护理工作安全运行的基础。同时，改善护理人员的工作环境，提供行之有效的安全防范设施，如为感染病房提供必需的防护用具，不仅可保障护士的安全，更能推进护理服务的有效进行。

（四）建立多部门支持系统，构建安全监控网络

知识拓展：《护士条例》摘选

不同科室及部门之间明确职责、加强合作，以预防为主，关键环节重点监控。如患者外出检查或转运它科，必须严格落实“患者外出检查制度”“转运患者交接单”，并与相关科室提前沟通，共同做好患者交接，确保患者外出检查、转运时的安全。构建安全监控网络，将存在护理安全隐患问题的高危人群，如压疮、置管、跌倒等患者列为安全管理的重点人群，利用医院重点人群护理安全计算机网络监控系统，如护士工作站客户端对重点人群进行个人信息录入，并进行风险评估、划分安全级别、风险预警等，完成对存在安全隐患的高危人群的网络监管。

第二节　护理职业防护

导入情景

孙某，女，23岁，急诊科护士，某日在抢救一位消化道大出血的患者，为患者采血、配血时，患者出现躁动，导致刚刚拔出的采血针头扎进了护士的手指；2小时过后，患者检验报告出来了，这是一位乙肝“大三阳”合并梅毒的患者。

工作任务：

1. 护士应采用怎样的紧急措施处理。
2. 这种情况是否需要向医院主管部门上报？上报流程是什么？

一、概述

职业安全是近年来医护人员日益关注的重要问题之一，由于护理工作的特殊性，护士需经常接触较多的危险因素如化学药物、辐射等，一些传染性极强疾病谱的变化也对护理职业防护提出了更高的要求。如果缺乏相关的职业防护知识和自我保护意识，则会严重影响自身健康，甚至对社会造成不良后果。因此，护士的职业损伤问题已经成为当前亟需解决的问题，如何提升护理人员对职业损害及其影响因素的认知及应对，具有重要意义。

（一）概念

1. 护理职业暴露（nursing occupational exposures）　护理职业暴露是指护理人员在为患者提供护理服务过程中，由于医院特定的环境，有受到各种生物、物理、化学及社会心理因素

侵袭的危险。如经常暴露于感染者的血液、体液及排泄物污染的环境中；接触污染的注射器针头、导管等，其他如光、热、电磁辐射及工作负荷等影响的危险。

2．护理职业风险（nursing occupational risk） 护理职业风险是指护理工作中可能发生的一切不安全事件。

3．职业防护（occupational protection） 职业防护是指针对职业损伤因素可能对机体造成的各种伤害，采取多种适宜的措施避免其发生，或将损伤程度降到最低。

4．护理职业防护（nursing occupational protection） 护理职业防护是指在护理活动过程中，针对各种职业暴露性因素采取一切有效措施，保护自身免受损伤或将损伤降至最低程度。

（二）护理职业防护的意义

1．提高护士职业生命的质量 职业伤害严重影响医务人员的身心健康。如美国疾病预防控制中心（CDC）报告，美国每年因血液性传播疾病造成医护人员死亡的人数超过几百人。因此，加强职业防护，可以控制由环境和行为等所导致的不安全因素，尽可能地规避职业伤害对护士身体及心理的侵袭，从而提高护士职业生命的质量，确保护理工作的安全开展。

2．科学规避护理职业风险 通过医院的建筑合理、设施齐全、环境整洁等硬件建设，以及通过增强护理人员的职业防护意识、制订各种职业安全防护制度及各种防护措施的落实等软件建设，切实做好护理职业防护，有效控制职业损伤因素，增强护理工作的安全感，科学规避护理职业风险，保证护理职业安全。

3．营造和谐安全的工作氛围 护理职业环境是护士与服务对象，护士与其他医务人员交流合作的重要场所。医院不仅应具备先进完备的用于患者诊断和治疗的设施和设备，同时还应具备一些保证医务人员健康要求的设施，如通风设备、消毒设备、隔离设备等。建立良好安全的职业环境，不仅增加医护人员的职业安全及幸福感，同时良好的环境更能促进患者身心康复。

二、护理职业损伤的危险因素

护士由于工作性质决定其工作环境和服务对象的特殊性，所以经常暴露于各种职业损伤因素之中。构成护理人员职业暴露环境的危险因素主要有生物因素、物理因素、化学因素、社会心理因素和与工作性质有关的因素。

（一）生物因素

生物作为自然环境的组成部分，与人类的关系密切，是人类赖以生存的物质条件。但是某些生物，如病原微生物、某些动物、昆虫可成为人类的致病因素或疾病的传播媒介。医务工作者所面临的生物危险因素主要有细菌、病毒等。

1．细菌 细菌包括革兰氏阳性菌和革兰氏阴性菌，最常见的致病菌有金黄色葡萄球菌、链球菌、肺炎球菌、大肠埃希菌、痢疾杆菌等，可通过呼吸道、消化道、体液、皮肤接触等途径感染，导致相应疾病。

2．病毒 常见的病毒有乙型肝炎病毒（HBV）、丙型肝炎病毒（HCV）、艾滋病病毒（HIV）、流感病毒等，可通过体液、消化道、呼吸道传播，严重威胁护士健康。

3．其他 包括真菌如皮肤癣真菌、着色真菌等，寄生虫等导致护士感染。

（二）物理因素

1．锐器伤 锐器伤是护理人员最常见且最主要的职业损伤因素之一。主要是护士接触感染锐器导致血源性疾病的传播。目前已证实，有二十余种病原体可经过锐器伤直接传播疾病，其中最常见、危害最大的是乙型肝炎病毒、丙型肝炎病毒、艾滋病病毒等。不仅影响护士健康，更对受伤者造成较大的心理创伤，如焦虑、恐惧、悲观等消极情绪，降低工作的热情和动力。

2．负重伤 护理人员由于负重过度，如经常需要搬动或者抬举物品，转运患者，如果用力不当或超支，容易造成颈肩部、腰背部肌肉损伤或者骨骼损伤，其中最常见的是职业性腰背痛。有调查表明，医护人员由于负重伤引起脊柱损伤、腰骶部疼痛的发生率为 8.4%。此外，护士长时间站立和行走可引起下肢静脉曲张、胃下垂等问题。

3．噪声 医院噪声的来源主要有医院内部环境噪声比如呼吸机、监护仪、吸引器等机械性噪声；喷射器、冲刷等流体动力性噪声；各种医疗检查设备的电磁性噪声；以及来自人员的噪声比如患者因疼痛或者其他不适发出的呻吟等声音；医院外部的噪声主要来自医院附近的交通噪声。目前医院白天的声音强度较大，远远超过 WHO 规定的噪声标准，即病区白天的噪声强度应控制在 35 ～ 40 dB。护士长期在噪声的环境下，不仅影响听力，心理及生理方面也会受影响。

4．温度性损伤 常见的温度性损伤有：易燃易爆品如氧气、乙醚、乙醇等导致的烧伤；各种物理仪器的治疗如烤灯、高频电刀、热水袋或冰袋等所致损伤。

5．辐射性损伤 辐射分为电离辐射和非电离辐射两类。在为患者准备或进行特殊治疗时，如护理人员自我保护不当或者长期接触某些危险因素，可导致机体损伤。如为患者进行放射诊断治疗，放射性核物质释放射线，可引起放射性皮炎、皮肤溃疡或皮肤癌、血液系统疾病、不孕不育或胎儿致畸等。在现代医学的诊断和治疗过程中广泛应用及存在的非电离辐射有高频电磁场、微波、超声、激光、紫外线等。护理人员长期暴露在高频电磁场等非电离辐射的环境中，会对健康造成损害，可表现为轻重不一的类神经症比如全身无力、头晕、记忆力减退等。在医学上应用的紫外线消毒、感染伤口的照射等对人体也有损害，会带来角膜和晶状体的损害、皮肤组织的损害等。

（三）化学因素

1．化学消毒剂 病区内常使用化学消毒剂，用以杀灭或抑制细菌或病毒的生长繁殖，避免医院获得性感染，如甲醛、戊二醛、过氧乙酸、环氧乙烷、氯消毒剂等。护士长期接触或者吸入消毒剂，可引起皮肤、黏膜、气道损伤甚至致癌致畸。

2．化疗药物 化疗药物使许多肿瘤患者延长生命时间，提高了生存质量，但是化疗药物同时也给患者和广大医护人员的健康带来了严重威胁。医院肿瘤内科、放化疗科等常使用化学治疗药物，具有细胞毒性。其主要毒性反应有骨髓抑制、肝损害、生殖系统影响等。护士在给药、配药过程中可通过皮肤、呼吸道等吸收化疗药物。尤其是孕前或孕期护士接触细胞毒性药物可导致胎儿畸形。

3．挥发性麻醉药 目前国内普遍采用紧闭式麻醉装置，麻醉机装配的废气清除系统可有效降低空气中挥发性麻醉药的含量，但如果麻醉机呼吸回路漏气或术后患者体内麻醉药排出，就会造成手术室环境的污染以及对医护人员健康的伤害。护士若长期暴露在微量麻醉废气的环境中，可产生身心健康损害。如短时间吸入可引起头晕、头痛、注意力下降；长时间吸入麻醉废气可导致自发性流产、胎儿畸形和生育力降低，也影响听力、记忆力、操作能力等。

（四）心理 – 社会因素

1．精神压力 护理工作的特点使得护士长期处于高度精神紧张状态，尤其遇到抢救时，易造成焦虑和神经衰弱。此外，患者在面对病痛折磨时常情绪起伏或者长期照顾的患者突发死亡等均会影响护士的情绪，无形中增加护士的精神负荷。

2．工作压力 护士与患者接触最频繁，护理工作不仅风险高、工作量大，技术性强，服务要求细，而且护士在工作中必须面对社会各阶层的人群，这些因素都会使护士产生工作压力。同时，职业要求护理人员要具备多方面综合素质，也要求护理人员不断学习、扩大个人知识储备，医院经常组织护士进行理论和技能的考核，这都增加了护士的工作压力。

3．医疗纠纷 医疗纠纷特别是由此引发的治安事件不但严重威胁医护人员的身心健康和生命安全，而且严重影响了正常的工作秩序。对护理人员来讲，会影响其工作热情，侵害其合法权益及人身安全等。医疗纠纷不仅与医生、护士、患者及其家属有关，而且有着更深层次的社会原因。

知识链接

生物安全柜的分类

Ⅰ级安全柜：有前窗操作口的安全柜，操作者可通过前窗操作口在安全柜内进行操作。用于对人员和环境的保护。前窗操作口向内吸入的负压气流保护人员的安全性；排出气流经高效过滤器过滤后排出保护环境不受污染。

注意，在柜内空气排放到外面的大气之前经过了处理以保护环境，这种柜适用于从事接触低到中等风险的生物试制工作。

Ⅱ级安全柜：有前窗操作口的安全柜，操作者可通过前窗操作口在安全柜内进行操作，对操作过程中的人员、产品和环境进行保护。前窗操作口向内吸入的负压气流用以保护人员的安全；经高效过滤器过滤的垂直下降气流用以保护产品；气流经高效过滤器过滤后排出保护环境不受污染。Ⅱ级安全柜按排放气流占系统总流量的比例及内部设计结构分为 A1、A2、B1、B2 共四种类型。

注意，当有毒化学品或放射性核素作为生物研究或药剂工作的辅助手段时，应该使用为这种用途设计和建造的Ⅱ级生物安全柜。

Ⅲ级安全柜：具有全封闭、不泄露结构的通风柜。人员通过与柜体密闭连接的手套在安全柜内实施操作。安全柜内对实验室的负压不应低于 120 Pa。下降气流经高效过滤器过滤后进入安全柜。排出气流经两道高效过滤器过滤或通过一道高效过滤器过滤在加烧灼灭菌处理。

三、护理职业损伤的防护

（一）生物性损伤的防护

1．切断传播途径，执行标准预防 标准预防是指在接触有潜在感染性的患者的血液、体液、分泌物或排泄物时必须采取防护措施。护理人员应牢固树立标准预防的理念，增加自身保护意识。在接触有感染性疾病的患者时，按照标准预防处理，如佩戴衣帽、口罩、手套（必要时双层），戴护目镜，穿隔离衣；在接触患者前后洗手，不仅避免交叉感染，也切断传播途径，避免自身感染。

2．加强管理，制定防护措施 制定相关的规章制度，并切实执行。如规范处理医疗废物及排泄物，严格执行医疗垃圾分类标准，对医疗废物和患者的呕吐物、排泄物做好集中消毒处理。严格遵守消毒、隔离制度可有效控制传染源，防止职业损伤。

3．建立健康档案，定期进行健康体检 对发生职业损伤者及时报告主管部门，按要求治疗处理；定期进行健康体检，加强高危科室的管理和高危人群的预防接种，以提高其机体免疫力是减少医护人员职业损伤的有效途径。如 HBV 暴露后应尽快检测抗体，并根据个体免疫状态和抗体水平采取相应的处理；HIV 感染在空口期（感染后 2 周 – 3 个月）连续监测，确定是否感染，如感染则迅速用药治疗，超过 24 h 给予预防性用药。HIV 职业暴露后，发生 HIV 暴露后立即、4 周、8 周、12 周和 6 月后检测 HIV 抗体。尽可能在最短的时间内（尽可能在 2 h 内）进行预防性用药，最好不超过 24 h，但即使超过 24 h，也建议实施预防性用药。预防治疗的适应证：当HIV感染状态不明或暴露源不明时，一级暴露后通常不进行预防用药。HIV感染状态不明时，二级或三级暴露后通常不进行预防；暴露源不明时，通常不进行预防。如暴露源来源于HIV高危者则采取预防用药；对于有可能暴露于HIV感染者时采取预防用药。

（二）物理性损伤的防护

1．锐器伤的防护 按照规程处理操作后用物，防止针刺伤、割伤等情况的发生。锐器伤是一种由医疗利器如注射器针头、穿刺针、手术刀、碎玻璃、安瓿等引起皮肤组织刺伤、割伤出血等意外损伤。为避免锐器损伤，护理人员应该做好防护措施：如使用安全性能高的产品如安全型留置针等；禁止双手回套针帽；禁止用手直接接触用过的针头、刀片，双手分离污染的针头和注射器；禁止直接传递锐器。同时，提高个人操作技能水平及防护意识，熟知锐器伤紧急处理伤口并提交损伤报告：一旦护理人员发生锐器损伤，应立即由近心端向远心端轻轻挤出污血，再用肥皂和流动水清洗伤口，再用75%乙醇或0.5%碘伏消毒，必要时包扎伤口。同时，应立即报告有关部门，评估后给予及时治疗和观察。

2．负重伤的防护 负重伤往往是不正确用力或超负荷工作所引起的急慢性损伤，以腰椎间盘突出症最为常见。因此，护理人员应科学使用劳动保护工具，加强身体素质锻炼，掌握合理正确的劳动姿势，避免长期固定一种体位而致损伤积累，腰部负荷过重。护士长时间站立，影响下肢静脉血液回流而致静脉曲张和小腿肌肉收缩，休息时可适当做腿部运动，抬高双下肢，促进血液循环。

3．辐射性或非电离辐射的防护 提高护士的防护意识及知识，如进行X线检查时：护士必须穿戴好防护装备，并使用铅屏风做好遮挡；需要开启紫外线消毒或照射时，护士需要立即离开，在对紫外线灯管的强度进行检查时需要佩戴好防护的眼镜；有激光治疗时，护士不可以直接观察功率大于安全值的激光束，且需要佩戴防护激光的眼镜，并定期做检查和维修，定期监测激光防护情况。

（三）化学性损伤的防护

1．提高防污意识 对护士进行防护培训，使其充分认识到化学性污染的危害，并可以增加对污染防护的自觉性，以减少污染源。积极改善通气和换气条件，提高空气流动，以促进化学污染物能够自然地清除，并减少污染的蓄积。

2．提供安全的防护用品和设备 根据医院条件，防护用品和设备准确齐全，如设立专门化疗药物的配药间，在专用层流柜内配药，配药室内配有空气净化装置，避免空气污染。或者使用密闭橱等，减少护理人员吸入化疗药物的可能。在一般操作台面覆盖一次性吸水纸或防护垫，吸收溅出的药液，防止药物污染。

3．遵守化疗药物配置、处置规程 遵守化疗药物配置规程，执行化疗药物给药要求，规范处理化疗药物污染，妥善处置污染废弃物。如配置化疗药物前，护理人员洗手、穿低渗透性隔离衣裤、戴双层防护口罩、手套；割锯安瓿时，须将安瓿顶端的药液弹下，用纱布包裹割锯部位折断安瓿，避免划破手套；稀释粉剂时，注意缓慢将稀释药液沿瓶壁注入至瓶底，避免粉剂喷出，散入空气中；稀释或者抽吸药物时，保证针头牢固或者预先排出瓶体内压力，避免针头脱落药液外溢。

（四）心理－社会性损伤的防护

1．构建良好的工作环境 医院应尽力为医护人员营造一个安全、舒适的工作环境，减少职业损害因素对医务人员的心理影响，这样才能保证医护人员更轻松地执行工作任务，提升工作质量，并维持身心健康。

2．学会自我调节，积极应对工作 护士对生理、心理疲劳要学会自我调节。注意保证充足的休息和睡眠。适当参加集体活动，学会宣泄和疏导，以保持平和、稳定、乐观的心境，预防负性心理损害。处理好与上级、同事之间的关系，创造良好的人际关系。如感到工作压力过重，可适当休息，以调整体力和情绪，以最佳的状态投入到工作中，避免因心理因素影响工作而带来职业伤害的危险。

知识拓展：医务人员艾滋病病毒职业暴露防护工作指导原则（试行）

3．增强法律意识，建立良好医患关系 努力提高广大医务人员的法律意识，加强法律知识学习，发现问题及时咨询和处理，避免矛盾的升级和激化。护理人员既要护理细致周到，又要掌握分寸，妥善处理护患之间的“小事”，将医疗纠纷消灭在萌芽状态；发生医疗纠纷后，晓之以理，坚持原则，秉公处理，避免工作粗糙、方法简单而引发治安事件。

护理安全是护理质量的核心内容，做好护理安全是提高护理质量、确保患者安全、确保良好就医诊疗环境的前提，是确保护士自身安全的保障。护理安全受护理人员因素、患者因素、诊疗因素、质量管理因素、医院环境及医疗设备五方面因素的影响。护理安全防范的原则：①健全各项管理制度，完善组织管理体系。②强化职业安全教育，遵守职业道德规范。③合理配置护理人力资源，塑造职场安全环境。④建立多部门支持系统，构建安全监控网络。

护理职业防护是指在护理活动过程中，针对各种职业暴露性因素采取一切有效措施，保护自身免受损伤或将损伤降至最低程度。做好护理职业防护提高护士职业生命的质量，科学规避护理职业风险，营造和谐安全的工作氛围。护理人员职业损伤的危险因素主要有生物因素（如细菌、病毒）、物理因素（如锐器伤、负重伤、噪声、温度性损伤、辐射性性损伤、非电离辐射）、化学因素（如化学消毒剂、化疗药物、挥发性麻醉药）、社会心理因素（如心理精神疲劳、工作压力、医疗纠纷），护士应针对职业损伤的因素采取相应的防护措施。

A1 型题

1．王某某，72 岁，以“肺源性心脏病”而住院，某日因输液速度过快而引起肺水肿，此种损伤属于

A．温度性损伤
B．压力性损伤
C．化学性损伤
D．生物性损伤
E．机械性损伤

2．护理职业安全最常见的职业性有害因素为

A．化学性因素
B．物理性因素
C．心理社会性因素
D．生物性因素
E．机械性因素

3．护理人员由于负重过度，容易造成颈肩部、腰背部肌肉损伤或者骨骼损伤，其中最常见的是

A．职业性腰背痛
B．颈椎病
C．膝关节炎
D．静脉曲张
E．踝关节扭伤

4．下列哪项不属于物理因素引起的护理职业损伤

A．肝损害
B．针刺伤
C．烧伤
D．静脉曲张
E．皮炎

A2 型题

5．护士夏某某，在重症监护室工作，某日一患者在其班上死亡，在书写重症患者特护单时记错患者的姓名，引起死亡患者家属的投诉，造成此护理安全的因素为
A．患者因素
B．护理人员因素
C．医院环境及医疗设备
D．诊疗因素
E．质量管理因素

6．护士小李，心外科病房的一名护士，某日上班时，因忙于抢救一突发室颤的患者，未及时提醒患者张先生服用中午 12：00 的口服药即氯化钾缓释片，至 14：00 才提醒患者服用，此行为属于
A．护理安全
B．护理差错
C．护理事故
D．过失犯罪
E．医疗事故

7．护士小张，女，26 岁，某三甲医院注册护士，执行医嘱时错误地将 10% 氯化钾 10 ml 静脉推注到患者输液管内，导致患者推注中途死亡。此事件属于
A．护理事故
B．侵权行为
C．护理风险
D．护理差错
E．护理预防

A3 型题

（8-9 题共用题干）

李女士，女，27 岁，某医院心内科护士，执行医嘱“5% 葡萄糖 250 ml+ 硝酸甘油 10 mg 静脉滴注，10 ml/h”，但该护士没有认真执行查对制度，在调节滴速时，错误地调节为 20 ml/h”，由于科室护士长发现及时，未给患者造成不良后果。

8．导致此事件发生的原因是该护士
A．安全意识淡薄
B．法律意识不强
C．缺乏应激处理能力
D．临床经验不足
E．操作不熟练

9．该护士的行为属于
A．护理事故
B．侵权行为
C．护理风险
D．护理差错
E．护理预防

（10-11 题共用题干）

小李在肿瘤内科工作，其中主要的工作就是为患者配置化疗药物。

10．请问小李所面临的护理职业损伤的危险因素主要来自
A．生物因素
B．物理因素
C．化学因素
D．心理 – 社会因素
E．锐器伤

11．为了防止职业损伤，应该如做个人防护
A．普通预防
B．标准预防
C．高级预防
D．一般预防
E．仅仅需要戴口罩即可

B 型题

（12 ～ 14 题共用备选答案）

A．生物因素
B．物理因素
C．化学因素
D．社会 – 心理因素
E．工作相关因素

12．长时间吸入麻醉废气可导致自发性流产，所造成的损伤因素属于

13．急诊搬运一位387斤重的男性肾衰竭患者时，用力不当，导致腰背部肌肉拉伤，损伤因素属于

14．护士为一位艾滋病患者传递手术器械时，不慎被手术刀划伤感染了艾滋病，所造成的损伤属于

（吕芳芳）

主要参考文献

1．张琳琳，王慧玲 . 护理学导论 . 北京：人民卫生出版社，2016.

2．李晓松 . 护理学导论 . 3 版 . 北京：人民卫生出版社，2014.

3．王瑞敏 . 护理学导论 . 2 版 . 北京：人民卫生出版社，2011.

4．张凤萍 . 护理学导论 . 北京：北京大学医学出版社，2013.

5．李小妹 . 护理学导论 . 3 版 . 北京：人民卫生出版社，2014.

6．庄红，曹晓蓉 . 护理学基础 . 3 版 . 北京：高等教育出版社，2014.

7．李玲，蒙雅萍 . 护理学基础 . 3 版 . 北京：人民卫生出版社，2015.

8．李小妹，冯先琼 . 护理学导论 . 4 版 . 北京：人民卫生出版社，2017.

9．李丽娟，邢爱红 . 护理学导论 . 北京：高等教育出版社，2014.

10．侯玉华 . 护理学导论 . 2 版 . 北京：科学出版社，2014.

11．李丽娟 . 护理学导论 . 北京：高等教育出版社，2012.

12．陶莉，刘美萍，唐布敏 . 护理学基础 . 2 版 . 北京：北京大学医学出版社，2016.

13．吴欣娟，王艳梅 . 护理管理学 . 4 版 . 北京：人民卫生出版社，2017.

14．饶艳辉，林建军，施章清，等 . 戴明循环理论在实验室建设经费管理中的运用 . 实验技术与管理，30（2）：205-207，211.

15．马林，罗国英 . 全面质量管理基本知识 . 北京：中国经济出版社，2001.

16．辛瑞莲，毛红云，周香凤 . 护理学基础 . 武汉：华中科技大学出版社，2013.

17．肖平 . 医院职业暴露与防护 . 北京：人民卫生出版社，2004.